Neue Forschungen chinesischer Germanisten in Deutschland

Europäische Hochschulschriften

Publications Universitaires Européennes
European University Studies

Reihe I
Deutsche Sprache und Literatur

Série I   Series I
Langue et littérature allemandes
German Language and Literature

Bd./Vol. 1346

PETER LANG

Frankfurt am Main · Berlin · Bern · New York · Paris · Wien

Na Ding (Hrsg.)

Neue Forschungen chinesischer Germanisten in Deutschland

PETER LANG

Frankfurt am Main · Berlin · Bern · New York · Paris · Wien

Die Deutsche Bibliothek - CIP-Einheitsaufnahme

Neue Forschungen chinesischer Germanisten in Deutschland /
Na Ding (Hrsg.). – Frankfurt am Main ; Berlin ; Bern ; New York ;
Paris ; Wien : Lang, 1992
(Europäische Hochschulschriften : Reihe 1, Deutsche
Sprache und Literatur; Bd. 1346)
ISBN 3-631-45171-7

NE: Ding, Na [Hrsg.]; Europäische Hochschulschriften / 01

ISSN 0721-3301
ISBN 3-631-45171-7
© Verlag Peter Lang GmbH, Frankfurt am Main 1992
Alle Rechte vorbehalten.

Printed in Germany 1 2 3   5 6 7

V

INHALT

VORWORT

Vom 6. bis 8. Dezember 1991 fand in Bonn das 4. Symposium des Chinesischen Germaninstenverbandes statt. Thema der Tagung war die "Deutschsprachige Literatur in der Volksrepublik China". Zehn chinesische Germanisten der jüngeren Generation nahmen daran teil.

Professorin Guo Mingqin der Universität Nanjing berichtete über die Erstellung eines Lexikons deutschsprachiger Literatur, und über deren Verbreitung und Rezeption in China. Daraufhin hielt Shu Changshan, außerordentlicher Professor an der Pädagogischen Universität Beijing, einen Vortrag über das erste Thomas-Mann-Bild in China. Li Shixun, Doktorand an der Universität Bochum, referierte über die Bedeutung von Elias Canetti in China. Huang Dong, Magisterand der Universität Marburg, behandelte in seinem Beitrag die Auseinandersetzung Chinas mit dem deutschen Expressionismus. Cai Hongjun, der Dozent am Institut für ausländische Literatur der Chinesischen Akademie für Geisteswissenschaften und Mitarbeiter bei der Zeitschrift "Weltliteratur", informierte die Tagungsteilnehmer recht anschaulich mit Lichtbidern über die Zeitschriften in China, die dort zum Bekanntwerden ausländischer Literatur beitragen.

Alle diese Beiträge wurden, wegen ihrer bemerkenswerten Bedeutung als Forschungsergebnisse chinesischer Germanisten in Deutschland, in diesen Sammelband aufgenommen. Die Ausführungen von Ding Na "Zu den Problemen bei der Vermittlung deutschsprachiger Literatur in der Volksrepublik China" beruhen auf einer empirischen Untersuchung des in das Chinesische übersetzten deutschsprachigen literarischen Schrifttums. Darüber hinaus beinhaltet die vorliegende Schrift auch drei Forschungsergebnisse zur Sprachwissenschaft. Dr. Zhu Jinyang behandelt in seinem Aufsatz die Übernahmemöglichkeit der Valenzgrammatik in die chinesische Sprachforschung. Liu Qingli und Liu Jing untersuchen in ihren Arbeiten jeweils komparativ die Ähnlichkeiten und Unterschiede bei der Subjektstellung, sowie der Anredeformen in der deutschen und der chinesischen Sprache. Alle Beiträge wurden unverändert übernommen und erscheinen in Eigenverantwortung der Autoren.

Dank der finanziellen Unterstützung der Chinesischen Botschaft in der Bundesrepublik Deutschland wurden die Veranstaltung des 4. Symposiums und die Veröffentlichung dieses Sammelbandes erst möglich. Auch dem ehemaligen Vorsitzenden unseres Vereins, Herrn Dr. Zhu Jinyang, sind wir zu Dank verpflichtet, da ohne seine Anregungen und Ratschläge die Tagung in Bonn und die Veröffentlichung dieses Sammelbandes nicht so reibungslos hätte bewerkstelligt werden können. Für die Bemühungen bezüglich der Gestaltung und Drucklegung dieser Publikation bedanken wir uns recht herzlich bei dem Verlag Peter Lang, Frankfurt/Main.

München, April 1992   Ding Na

ZHU, Jinyang (Universität Göttingen)

ZUR ÜBERNAHME DER VALENZGRAMMATIK IN DIE CHINESISCHE GRAMMATIKFORSCHUNG: AM BEISPIEL DES DEUTSCHEN

Die chinesische Sprachforschung hat eine lange Tradition in drei Gebieten: Yinyunxue (die Phonetik oder Lautgeschichte), Xunguxue (die Interpretationslehre für alte Texte) und Wenzixue (die Schriftkunde, die sich mit der äußeren Form der Schriftzeichen sowohl in bezug auf ihren Aufbau als auch auf den Schriftstil beschäftigt). Die Grammatikforschung schenkte der Funktion der Leerwörter besondere Aufmerksamkeit. Aber eine systematische Grammatikforschung gibt es erst seit 1898. In diesem Jahr veröffentlichte Ma Jianzhong die erste von Chinesen verfaßte Grammatik "Mashi Wentong" (Mas Grammatik), die stark von der westlichen Tradition beeinflußt ist. Seither sind viele neue Grammatiken erschienen[1], die fast alle im Rahmen der traditionellen Grammatik verfaßt sind. Ausnahmen sind Ding Shengshu (1961) und Zhu Dexi (1982), bei denen der Einfluß des Strukturalismus unverkennbar ist.

Die chinesische Grammatikforschung hat es eine Zeit lang nicht leicht gehabt. Neuere linguistische Schulen im Westen, wie beispielsweise der Strukturalismus und die generative Transformationsgrammatik, litten unter ihrer Herkunft, indem sie als "bourgeois" eingestuft wurden. "Bourgeois" war ein Wort mit abschreckenden Konnotationen. Seit der Öffnung Chinas (seit 1978) hat sich die Situation verändert. In kurzer Zeit wurden verschiedene Grammatiktheorien adaptiert und in die chinesische Grammatikforschung eingeführt. Bei der Beschreibung des modernen Chinesischen fanden hauptsächlich Ansätze des Strukturalismus und der generativen

---

[1] Zu nennen sind z.b. "Gaodeng guowen fa" (1920) (Grammatik der gehobenen Nationalsprache) von Yang Shuda, "Xinzhu guoyu wenfa" (1924) (Neuverfassung der Grammatik der Nationalsprache) von Li Jinxi, "Zhongguo wenfa yaolue" (1941-1944) (Abriß der chinesischen Grammatik) von Lü Shuxiang, "Zhongguo yufa lilun" (1944-1945) (Theorie der chinesischen Grammatik) von Wang Li, "Yufa xiuci jianghua" (1954) (Besprechung der Grammatik und Stilistik) von Lü Shuxiang und Zhu Dexi, "Xiandaihanyu yufa jianghua" (1961) (Besprechung der Grammatik und Stilistik des modernen Chinesischen) von Ding Shengshu u.a., "Yufa jiangyi" (1982) (Lehrmaterial der Grammatik) von Zhu Dexi und "Shiyong xiandaihanyu yufa" (Praktische Grammatik des modernen Chinesischen) von Liu Yuehua u.a.

2

Transformationsgrammatik Beachtung. Im Verlauf der Auseinandersetzung kam man allmählich zu der Erkenntnis, daß sich nicht alle Probleme auf diesem Wege lösen lassen. Am Anfang der 80er Jahre wurde der Valenzbegriff in die chinesischen Grammatikforschung einbezogen. Seitdem wurde die Valenzbeschreibung der Verben im Chinesischen immer lebhafter angewendet und hat bemerkenswerte Ergebnisse erzielt[2]. Sie findet immer mehr Beachtung und Anerkennung, obwohl eine systematische Darstellung der chinesischen Verben, etwa in der Art des *Wörterbuchs zur Valenz und Distribution deutscher Verben* von Helbig/Schenkel, noch nicht zustande gekommen ist.

Die Übernahme der Valenzgrammatik in die chinesische Sprachforschung ist in gewisser Hinsicht mit der Hoffnung verbunden, eine nützliche und für das Chinesische geeignete Grammatik zu gewinnen, zumal die Valenzrelationen als universale Eigenschaften natürlicher Sprachen angesehen und somit auch auf andere Sprachen als das Deutsche übertragen werden können. Eine erfolgreiche Übernahme ist aber erst dann möglich, wenn man für einige allgemeine und einzelsprachenspezifische Probleme eine Lösung finden kann. Am Beispiel des Deutschen soll hier gezeigt werden, welche Probleme bei der Anwendung der Valenzgrammatik besonders zu beachten sind.

Obwohl Abhängigkeitsprinzip schon lange in Grammatikforschung bekannt war[3], fand die Valenzgrammatik erst seit Lucien Tesnières *Esquisse d'une syntaxe structurale* (Paris 1953) und den *Elèments de syntaxe structurale* (Paris 1959) im internationalen sprachwissenschaftlichen Bereich stärkere Beachtung und Anerkennung. Tesnière geht bei der strukturellen Satzanalyse vom Verb in Prädikatsfunktion aus. Das Prädikat bildet das strukturelle Zentrum des Satzes und hat die Fähigkeit, eine bestimmte Anzahl von "actants" (Aktanten, Mitspieler, Ergänzungen) und eine unbegrenzte Anzahl von "circonstants" (Angaben) zu sich zu nehmen. Tesnière vergleicht das mit der Wertigkeit eines Atoms und nennt diese Erscheinung Valenz. Die Aktanten, wie z.B. Subjekt, direktes Objekt und indirektes Objekt, sind in gleicher Weise vom Verb abhängig und stehen im Stammbaumschema auf der gleichen Ebene. Auf diese Weise verliert das Subjekt in gewisser Weise[4] die Sonderstellung, die es in der traditionellen Grammatik innehat.

---

[2] Vgl. ZGYW 1988: 316.
[3] Vgl. Arbeitsgruppe Marburg 1973.
[4] Eine engere Beziehung zu dem Prädikat zeigt das Subjekt im Deutschen dadurch,

Tesnières Verdienst besteht darin, eine Unterscheidung zwischen der äußeren Form und der inneren Struktur eines Satzes herausgearbeitet zu haben. Er erkannte, daß sich hinter der sichtbaren äußeren Form eines Satzes eine innere Struktur, nämlich eine hierarchische Stammbaumstruktur verbirgt, die nach bestimmten Regeln aufgebaut ist[5]. In den letzten Jahren hat man sich mit der Valenzforschung intensiver befaßt. Diese grammatische Theorie regte viele theoretische und praktische Arbeiten an.

Für die deutsche Grammatik ist die Valenztheorie von Tesnière zuerst von J. Fourquet, H. Brinkmann und J. Erben nutzbar gemacht worden[6]. Mit Tesnière bezeichnet Brinkmann "die Fähigkeit des Verbums, weitere Stellen im Satz zu fordern", als "Valenz", und die "Stellen selbst, die für weitere Beziehungen offen sind", als "Mitspieler". Das Verb bestimmt darüber, "wieviel Stellen im Satz besetzt werden müssen (oder können) und stiftet somit eine Hierarchie im Satz"[7]. Anders als Tesnière nennt Erben die Valenz "Wertigkeit". Von der Art und Wertigkeit des Verbs "hängt es wesentlich ab, welche und wie viele Ergänzungsbestimmungen im Vor- und Nachfeld des Verbs auftreten und das Satzschema ausgestalten"[8]. Was Tesnière und Brinkmann als "Valenz" und Erben als "Wertigkeit" bezeichnen, nennt Admoni "Fügungspotenz" und unterscheidet zwischen obligatorischen und fakultativen Fügungspotenzen[9]. Baumgärtner hat dann die Valenzproblematik unter formalen Gesichtspunkten diskutiert und einen Vergleich mit den Konstituenzsystemen geliefert[10]. Bei J. Kunze findet man schließlich eine umfassendere formale Darstellung einer Valenz- bzw. Abhängigkeitsgrammatik[11].

Auch andere Sprachwissenschaftler wie H.J. Heringer, P. Grebe, K. Heger, U. Engel, H. Schumacher, B. Engelen, G. Helbig und W. Bondzio haben unterschiedliche Beiträge zur Valenzgrammatik geleistet, auf die hier nicht näher eingegangen werden soll[12].

---

1. daß das Subjekt hinsichtlich Person und Numerus mit dem Prädikat kongruieren muß;
2. daß die Weglaßbarkeit eher andere Satzglieder als das Subjekt betrifft.
5. Vgl. Helbig 1974: 199ff.
6. Vgl. ebenda: 209.
7. Vgl. Brinkmann 1962: 223f; 465f.
8. Vgl. Erben 1972: 246f.
9. Vgl. Admoni 1970: 82f.
10. Vgl. Baumgärtner 1970.
11. Vgl. Kunze
12. Vgl. Helbig

Inzwischen hat sich der Valenzbegriff als fruchtbar für die Sprachbeschreibung und ganz besonders auch für den Fremdsprachenunterricht erwiesen, obwohl viele spezifische Probleme noch nicht vollständig geklärt sind.

Ein Hauptproblem der Valenzgrammatik besteht in der (theoretischen und empirischen) Begründung der satzhierarchischen und nicht-abhängigen Position des Verbs[13]. Die Position des finiten Verbs in Prädikatsfunktion als des strukturellen Zentrums des Satzes ist eine wichtige Voraussetzung für den Valenzbegriff. Tesnière sprach dem Verb diese Eigenschaft zu, ohne es weiter zu begründen und verursachte damit heftige Diskussionen. Charakterisierend für die Schwierigkeiten dieses Problems ist die Auffassung von Baumgärtner. Er hält das Postulat der dominierenden Position des Verbs bzw. Prädikats im Satz für überzeugend; empirisch sei diese allerdings nicht nachweisbar und einer exakten Verifikation unzugänglich[14].

Ein weiteres Problem der Valenzgrammatik besteht in der Bestimmung der Valenz des Verbs und in der Unterscheidung notwendiger Satzglieder (Ergänzungen, Aktanten) und freier Angaben. In dieser Hinsicht sind zwei Fragen zu beantworten:

1. Was ist das Kriterium für die Unterscheidung zwischen Ergänzungen und Angaben?
2. Was ist das Kriterium für die Unterscheidung zwischen obligatorischen und fakultativen Ergänzungen?

Die Unterscheidung zwischen Ergänzungen und Angaben gilt als das Zentralproblem der Valenzgrammatik, da sie für die Festlegung der Valenz entscheidend ist. Dieses Problem resultiert z.T. aus der Tatsache, daß Tesnières Unterscheidung von "aktants" und "circonstants" sich als nicht praktizierbar erweist. Für Tesnière sind Aktanten mit dem Subjekt und dem direkten sowie dem indirekten Objekt identisch. Cirkonstants werden mit Adverbialbestimmung gleichgesetzt. Im Satz "Wolfgang wohnt in Düsseldorf" würde "in Düsseldorf" nach Auffassung von Tesnière als freie Angabe

---

[13] Vgl. Lewandowski 1990: 1217.
[14] Vgl. ebenda: 1218.

klassifiziert. Das würde dazu führen, daß der Rest des Satzes " * Wolfgang wohnt" ungrammatisch wäre; "in Düsseldorf" ist also zwar eine Adverbialbestimmung, aber es handelt sich nicht um eine freie Angabe, sondern um eine obligatorische Ergänzung. Anders als in der traditionellen Grammatik wurden Adverbialbestimmungen, die als obligatorische Ergänzungen klassifiziert worden sind, in der Valenzgrammatik aufgewertet, indem sie bei der strukturellhierarchischen Anordnung der Satzglieder den gleichen Rang wie Subjekt und Objekte haben.

Ein drittes Problem ist die Einbeziehung anderer Wortarten in die Valenzkonzeption. Es war umstritten, ob auch Adjektive und Substantive mit dem Valenzbegriff zu beschreiben sind. In der Forschung zur Valenzgrammatik wandte sich das Interesse der Grammatiker zunächst dem Verb zu, weil in Sätzen mit verbalem Prädikat das Verb zweifellos der Valenzträger (gleich strukturelles Zentrum) des Satzes ist. Als Beschreibungsmodell hat sich diese Grammatik vor allem mit dem Verhältnis von Ergänzungen und Angaben zum (Prädikats)Verb auseinandergesetzt. Die Untersuchung der Verbvalenz führt aber bald zur Erkenntnis, daß auch die von Substantiven und Adjektiven abhängigen Elemente sich mit dem Begriffspaar "Ergänzungen" und "Angaben" beschreiben lassen[15]. Einige Grammatiker betrachten den Begriff der Valenz als eine Eigenschaft, die allen Wortarten zukomm[16]. Seit Ende der siebziger Jahre sind mehrere Beiträge zur Erforschung der Adjektiv- und Substantivvalenz erschienen. Im Mittelpunkt der Auseinandersetzung stehen die Fragen, welche Adjektive und Substantive über Valenz verfügen und über welche Valenz sie verfügen beziehungsweise auf welche Weise die Adjektiv- und Substantivvalenz beschrieben werden kann. Diese Probleme, insbesondere für bei den Substantiven, sind viel umstrittener als die Probleme der Verbvalenz. Darauf weisen H.D. Stepanowa und Helbig hin:

"Die Valenz des Substantivs ist schwieriger zu beschreiben als die der Verben oder der Adjektive, weil die schon bei Verb und Adjektiv auftauchende Fragen nach dem Verhältnis von syntaktischer und logischsemantischer Valenz bei Substantiv zu einem zentralen Problem wird."[17]

---

[15] Vgl. Teubert 1979: 13.
[16] Vgl. Helbig/Schenkel 1981: 21.
[17] Stepanowa/Helbig 1978: 175.

6

Da bei Tesnière nicht deutlich wird, ob er Valenz nur als eine formalsyntaktische oder auch als semantische Kategorie ansieht[18], sind auch die Auffassungen darüber heterogen. In der Forschung geht man hauptsächlich von den folgenden drei Ansatzpunkten aus: von einem syntaktischen, semantischen oder syntaktisch-semantischen[19].

Vertreter eines syntaktisch motivierten Valenzmodells sind u.a. Helbig und Engel. Der Valenzbegriff ist bei beiden jedoch nicht identisch.

Helbig vertritt die Meinung, daß es verschiedene Ebenen der Valenz gibt, die weder vermischt noch gleichgesetzt werden dürfen. Er unterscheidet zwischen den Ebenen der logischen Valenz, der semantischen Valenz und der strukturellen Valenz[20]. In erster Linie ist die Valenz jedoch ein syntaktisches Phänomen[21]. Helbig erkennt aber auch, daß viele syntaktische Phänomene ohne semantische Basis nur oberflächlich erfaßt werden können[22]. Bei ihm wird unter syntaktischer Valenz die Fähigkeit des Verbs verstanden, bestimmte Leerstellen um sich herum zu eröffnen, die durch obligatorische oder fakultative Aktanten besetzt werden. Kriterium für diese Zuordnung ist nicht die grammatische Subjekt-Prädikat-Struktur des Satzes, auch nicht der kommunikative Mitteilungsinhalt, sondern allein die syntaktische Notwendigkeit[23]. Er hat dazu den Eliminierungstest (Weglaßprobe) genutzt und bestimmte Kriterien ermittelt, um die valenzgebundenen von den nicht valenzgebundenen Gliedern zu unterscheiden. Die durch Valenz an das Verb gebundenen Glieder sind Aktanten (Ergänzungen, Mitspieler). Die nicht valenzgebundenen Glieder sind freie Angaben, die man syntaktisch im Satz beliebig hinzufügen und weglassen kann, ohne die Grammatikalität zu verändern. Unter den valenzgebundenen Gliedern wird weiterhin unterschieden zwischen obligatorischen Aktanten und fakultativen Aktanten. Während jene durch Valenz eng an das Verb gebunden und in keinem Fall weglaßbar sind, können diese unter bestimmten

---

[18] Vgl. Hartmann 1979: 43; Helbig, 1982: 10.
[19] Zu den vielfältigen Valenzbegriffen verweise ich auf die Arbeit von Helbig (1982).
[20] Vgl. Helbig 1971.
[21] Helbig 1982a: 71.
[22] Helbig 1982: 9.
[23] Vgl. Helbig/Schenkel 1980: 49.

Bedingungen an der Oberfläche weggelassen werden, auch wenn sie prinzipiell durch Valenz an das Verb gebunden sind[24].

In der bisherigen Diskussion hat sich ergeben, daß der auf dem Eliminierungstest und dem damit verbundenen Grammatikalitätstest basierte Valenzbegriff nicht immer zu einer befriedigenden Unterscheidung von Ergänzungen und Angaben führen kann. Im Satz "Ich sehe in Wolfgang einen Freund" z.b. ist "in Wolfgang" zwar weglaßbar, ohne daß der Satz ungrammatisch wird, doch diese Weglaßbarkeit bezieht sich nur auf die Oberfläche. Von der Satzsemantik her ist diese Operation nicht akzeptabel, weil der verbleibende Satz "Ich sehe einen Freund" nicht als Kernstruktur von dem Satz "Ich sehe in Wolfgang einen Freund" betrachtet werden kann. Die Propositionen beider Sätze sind nämlich verschieden[25].

Ebenfalls syntaktisch fundiert ist auch der Valenzbegriff von Engel. Aber anders als Helbig versteht er[26] unter Valenz die Eigenschaft des Verbs, spezielle Ergänzungen zu verlangen oder wenigstens zuzulassen und damit andere Ergänzungen auszuschließen. Im Anschluß an die Tradition nennt er die Eigenschaft eines Wortes, Glieder formal zu bestimmen, seine Rektion. Bei ihm sind Glieder, die von allen Elementen einer Wortklasse abhängen können, Angaben; Glieder, die nur von bestimmten Elementen einer Wortklasse abhängen können, sind Ergänzungen. Damit sind Ergänzungen subklassenspezifische Glieder, Angaben aspezifische Glieder. Ein Problem dieses Modells sehe ich darin, daß die Unterscheidung zwischen Ergänzungen und Angaben sich nicht immer auf eine mechanische und damit eindeutige Weise, sondern oft auf eine intuitive Weise vollzieht[27].

Das Modell eines semantisch orientierten Valenzbegriffs wird vertreten durch Erben, Bondzio, Brinker u.a[28]. Für Brinker z.B. könnten die Schwierigkeiten des syntaktischen Valenzkonzeptes vermieden werden, "wenn man den Valenzbegriff

---

[24] Dazu vgl. ebenda.
[25] Nach Brinker (1972: 185) stehen hier morpho- und nomosyntaktische Abhängigkeitsrelationen nicht in einem 1:1-Verhältnis zueinander.
[26] Vgl. Engel 1982: 111f; 1988: 23f; auch Engel/Schumacher 1976: 19f.
[27] In seinem Artikel (1980) erkannte Engel auch, daß der Valenzbegriff semantisch erweitert werden muß.
[28] Vgl. Erben 1972; Brinker 1972; Bondzio 1969, 1972.

8

konsequent nomosyntaktisch begründet"[29]. Nach Brinkers Auffassung ist bei der Beschreibung der Valenz nicht die grammatikalische Akzeptabilität, sondern der semantische Wert der gesamten Struktur des Satzes entscheidend[30]. Um Ergänzungen ("semantemkonstitutive Glieder") von Angaben ("nicht-semantemkonstitutive Glieder") zu unterscheiden, geht er vom verbalen Semantem[31] aus und operiert u.a. mit Hilfe von Weglaßproben und Ersatzproben, die zuerst im syntaktisch motivierten Valenzmodell ihre Verwendung fanden. Im Satz "Ich sehe in Wolfgang einen Freund" z.B. ist die Präpositionalgruppe "in Wolfgang" nicht weglaßbar, ohne daß sich der semantische Wert des Gesamtsatzes ändert, da es sich um ein semantemkonstitutives Glied handelt[32]. Ein Problem dieses Valenzkonzeptes besteht in der Beurteilung des semantischen Wertes eines Satzes. Im Satz "Wolfgang kommt nicht" ist das Negationswort "nicht" semantisch gesehen nicht ohne weiteres weglaßbar, weil der verbleibende Satz "Wolfgang kommt" eine ganz andere Aussage hat und damit den semantischen Wert des Satzes "Wolfgang kommt nicht" ändert. Wenn aber das Negationswort "nicht" im Sinne von Brinker als semantemkonstitutiv klassifiziert würde und damit nicht weglaßbar wäre, müßte man in einem Valenzlexikon unnötigerweise bei fast jedem Verb dieses Merkmal angeben. Es gibt noch ein anderes Problem. Anders als Helbig geht es nach Brinkers Auffassung in erster Linie nicht um die Frage, welche Glieder notwendig sind, um einen grammatisch akzeptablen Satz zu bilden, sondern vielmehr um die Ermittlung der Einheiten, die für die Bedeutungsstrukturen von Sätzen konstitutiv sind[33]. Dabei wird nicht unterschieden zwischen obligatorischen und fakultativen Gliedern einerseits und fakultativen Gliedern und Angaben andererseits, mit der Folge, daß im Satz "Wolfgang antwortet auf den Brief" das Präpositionalobjekt "auf den Brief" als nichtsemantemkonstitutiv betrachtet würde, weil bei ihrer Eliminierung zu keiner Änderung des semantischen Wertes des ganzen Satzes führte. Wenn man diesen Satz mit dem adäquaten Satz "Wolfgang beantwortet den Brief" vergleicht, in dem das Akkusativobjekt "den Brief" nicht weglaßbar und damit semantemkonstitutiv ist, ist zu fragen, warum die beiden Satzglieder mit gleicher Bedeutung einen so unterschiedlichen semantischen Wert haben könnten. Diese Arten von

---

[29] Brinker 1972: 187. "nomosyntaktisch" entstammt der Terminologie von Glinz. Bei ihm wird unterschieden zwischen Morphosyntax (Ausdrucksyntax) und Nomosyntax (Inhaltssyntax). Nomosyntax ist vergleichbar mit der Tiefenstruktur der generativen Transformationsgrammatik, vgl. Bußmann 1982: 351 und Glinz 1965.
[30] Vgl. Brinker 1972: 187.
[31] Unter einem verbalen Semantem versteht Brinker den festen semantischen Wert, den ein Verb zusammen mit bestimmten Satzgliedern bzw. Satzgliedpositionen signalisiert (Brinker 1972: 188; dazu vgl. auch Glinz 1965).
[32] Vgl. Brinker 1972: 189.
[33] Vgl. ebenda: 187.

9

Schwierigkeiten sind nicht zuletzt darauf zurückzuführen, daß Brinkers Kriterien zur Unterscheidung von Ergänzungen und Angaben nicht scharf und differenziert genug sind.

Besonders intensiv hat sich Bondzio mit semantischen Valenzmodellen beschäftigt[34]. Er geht dabei von der Annahme einer grundsätzlichen Isomorphie von syntaktischen und semantischen Valenzmodellen aus, indem er die These aufstellt, daß semantisch ähnliche lexikalische Einheiten auch grammatisch-syntaktisch ähnlich behandelt und konstruiert werden[35].

Zur Bestimmung der Valenz und damit zur Unterscheidung von Ergänzungen und Angaben ist, worauf viele Arbeiten hinwiesen[36], weder das syntaktische noch das semantische Modell allein ausreichend. Beide Modelle können nicht durcheinander ersetzt werden, sie müssen sich vielmehr ergänzen[37], weil sich der syntaktische und der semantische Valenzbegriff mit Erscheinungen auf den unterschiedlichen Ebenen beschäftigen. Dabei stellt sich allerdings die Frage nach dem Zusammenwirken beider Modelle. In dieser Hinsicht ist besonders die Auffassung von P. Eisenberg, D. Hartmann und H. Schumacher[38] von Bedeutung. Danach muß auf der Grundlage des syntaktischen Valenzbegriffs der semantische Aspekt hinzugezogen werden, und zwar mit Hilfe des Implikationskriteriums, das von Eisenberg als entscheidend herausgestellt wurde[39]. Erst durch die Frage nach den möglichen Implikationen eines Satzes lassen sich, nach Hartmanns Überzeugung[40], über die Weglaßprobe hinaus fakultative und obligatorische Ergänzungen untereinander und diese insgesamt wieder von den Angaben unterscheiden. In diesem Sinne versucht Schumacher[41], das syntaktisch motivierte Kriterium der Subklassenspezifikation mit dem Implikationsprinzip zu einer Synthese zu bringen. Er versteht unter Valenz die Eigenschaft von Subklassen der Elemente der Hauptwortarten (insbesondere der Verben), sich mit spezifischen Elementen zu Syntagmen zu verbinden[42]. Für ihn sind die für Verben spezifischen Elemente (Verb)ergänzungen, die übrigen Satzglieder, die

---

[34] Vgl. z.B. Bondzio 1976, 1977, 1978.
[35] Vgl. Welke 1988: 45f.
[36] Vgl. z.B. Helbig 1976b; Hartmann 1979.
[37] Vgl. Helbig 1982: 19f.
[38] Vgl. Eisenberg 1976: 56ff; Hartmann 1979: 44; Schumacher 1987: 136.
[39] Vgl. Eisenberg 1976.
[40] Vgl. Hartmann 1979: 44.
[41] Vgl. Schumacher 1987.
[42] Vgl. ebenda: 135.

nicht spezifisch für Subklassen von Verben sind, werden als (Verb)angaben betrachtet. Ob ein Satzglied für eine Verbgruppe als spezifisch anzusehen ist oder nicht, muß durch die semantische Analyse der Verben und ihrer Umgebung ermittelt werden[43]. Dabei gilt der Grammatikalitätstest mittels der Weglaßprobe als ein primäres, der Implikationstest als ein sekundäres Mittel. Wenn beim Wegfall bestimmter Satzglieder der Restsatz ungrammatisch wird, gelten die betreffenden Satzglieder als obligatorische Ergänzungen. Bei den verbleibenden Satzgliedern ist zu untersuchen, ob eine Implikationsbeziehung zwischen Sätzen vorliegt, die das betreffende Satzglied nicht enthalten, und solchen, in denen es vorkommt. Aus dem Satz "Jemand ißt." folgt z.B. immer der Satz "Jemand ißt etwas." Wenn der Implikationstest negativ ausfällt, ist das fragliche Satzglied als Angabe einzustufen. Andernfalls ist weiter zu fragen, ob das betreffende Satzglied spezifisch für nur bestimmte Subklassen ist oder nicht. Wenn ja, gilt das betreffende Satzglied als Ergänzung. Mit diesen Kriterien unterscheidet Schumacher zwischen obligatorischen und fakultativen Ergänzungen einerseits, fakultativen Ergänzungen und freien Angaben andererseits. Er gewinnt dadurch acht Ergänzungsklassen und stellt 42 Satzmuster mit insgesamt 64 Satzbauplänen für die einfachen Sätze im Deutschen auf[44]. Dieses Konzept ist unseres Erachtens zwar vielversprechend, aber noch nicht präzise genug. Bis es zu einem empirisch befriedigenden Ergebnis (z.B. in der Form eines Valenzlexikons) kommt, müssen noch einige theoretische wie praktische Probleme bewältigt werden.

Es ist erkennbar, daß sich die Übernahme der Valenzgrammatik in die deutsche Sprachforschung erfolgreich, aber nicht problemlos vollzieht. Bei einem ähnlichen Verfahren im Chinesischen muß man mit noch mehr Schwierigkeiten rechnen, weil das Chinesische und das Französische - anders als dies und das Deutsche - zu verschiedenen Sprachtypen gehören. Das Französische ist eine mehr flektierende Sprache, während das Chinesische zu den mehr isolierenden Sprachen gehört. Die Unterschiede zwischen den beiden Sprachen betreffen die Phonologie, die Morphologie und die Syntax, d.h.: alle Ebenen des Sprachsystems. Eine erfolgreiche Übernahme der Valenzgrammatik ist erst dann möglich, wenn man diesen Unterschieden genug Aufmerksamkeit schenkt und für allgemeine wie einzelsprachspezifische Probleme eine Lösung findet.

---

[43] Vgl. ebenda.
[44] Vgl. ebenda: 149ff.

11

Literatur

Admoni, W. (1970): Der deutsche Sprachbau. München.

Arbeitsgruppe Marburg (1973): "Aspekte der Valenztheorie". In: Deutsche Sprache 1, S. 3-48.

Baumgärtner, K. (1970): Konstituenz und Dependenz. In: H. Steger (Hrsg.): Vorschläge für eine strukturelle Grammatik des Deutschen.

Bondzio, W. (1972): "Valenz, Bedeutung und Satzmodelle". In: G. Helbig (Hrsg.): Beiträge zur Valenztheorie. Halle, S. 85-104.

Bondzio, W. (1976/1977/1978): "Abriß der semantischen Valenztheorie als Grundlage der Syntax". In. ZPSK 29, S. 354-363; 30, S.261-273; 31, S. 22-33.

Brinker, K. (1972): Konstituentenstrukturgrammatik und operationale Satzgliedanalyse. Frankfurt/M.

Brinkmann, H. (1962): Die deutsche Sprache. Gestalt und Leistung. Düsseldorf.

Bußmann, H. (1983[1]/1990): Lexikon der Sprachwissenschaft. Stuttgart.

Duden (1973[3]; 1984[4]): Grammatik der deutschen Gegenwartssprache. Mannheim.

Eisenberg, P. (1976): Oberflächenstruktur und logische Struktur. Untersuchungen zur Syntax und Semantik des deutschen Prädikatadjektivs. Tübingen.

Eisenberg, P. (1986[1]; 1989): Grundriß der deutschen Grammatik. Stuttgart.

Engel, U. (1982): Syntax der deutschen Gegenwartssprache. 2. überarbeitete Auflage. Berlin.

Engel, U. (1988): Deutsche Grammatik. Heidelberg.

Engel, U./Schumacher, H. (1976): Kleines Valenzlexikon deutscher Verben. Forschungsberichte des Instituts für deutsche Sprache 31. Tübingen,

Erben, J. (1972): Deutsche Grammatik. Ein Abriß. München.

Hartmann, D. (1979): "Über die Valenz von Substantiven im Deutschen". In: ZGL 7, S. 40-55.

Helbig, G. (Hrsg.) (1971): Beiträge zur Valenztheorie. Halle.

Helbig, G. (1974): Geschichte der neueren Sprachwissenschaft. Hamburg.

Helbig, G. (1976a): "Zur Valenz verschiedener Wortklassen". In: DaF 3, S. 131-146.

Helbig, G. (1976b): "Valenz, Semantik und Satzmodelle". In: DaF 2, S. 99-106.

Helbig, G. (1982): Valenz - Satzglieder - semantische Kasus - Satzmodelle. Leipzig.

Helbig, G. (1982a): "Valenz und Sprachebenen". In: Zeitschrift für Germanistik 1. s. 68-84.

Helbig, G. (1986): "Zu umstrittenen Fragen der substantivischen Valenz". In: DaF 4, S. 200-207.

Helbig, G./Schenkel, W. (1980): Wörterbuch zur Valenz und Distribution deutscher Verben. Leipzig.

12

Heringer, H.-J. (1970): Theorie der deutschen Syntax. München.

Kunze, J. (1975): Abhängigkeitsgrammatik. (studia grammatica XII) Berlin.

Lewandowski, Th. (1990): Linguistisches Wörterbuch. 1-3. Heidelberg. Wiesbaden.

Sandberg, B. (1979): Zur Repräsentation, Besetzung und Funktion einiger zentraler Leerstellen bei Substantiven. Göteborg.

Sandberg, B. (1982): "Zur Valenz der Substantive". In: DaF 5, S. 272-279.

Schumacher, H. (Hrsg.) (1976): Untersuchungen zur Verbvalenz. Tübingen.

Schumacher, H. (1987): Ergänzungsklassen und Satzmodelle in einer Valenzgrammatik. In: H. Aust (Hrsg.): Wörter: Schätze, Fugen und Fächer des Wissens. Tübingen, S. 133-156.

Tesnière, L. (1953): Esquisse d'une syntaxe structurale. Paris.

Tesnière, L. (1959): Elements de syntaxe structurale. Paris.

Teubert, W. (1979): Valenz des Substantivs. Attributive Ergänzungen und Angaben. Düsseldorf.

Welke, K.M. (1988): Einführung in die Valenz- und Kasustheorie. Leipzig.

Zhongguo yuwen (ZGYW) (1988): Di wu ci xiandaihanyu yufa taolunhui zai jing jüxing. (Bericht über die 5. Tagung über die Grammatik des modernen Chinesischen.) S. 315-317.

Zhu, Jinyang (1991): Das adnominale Attribut im Deutschen und im Chinesischen. Frankfurt a.M./Bern/New York/Paris.

ZHU, Jinyang:
Dr. phil, z.Zt. Universität Göttingen. Arbeitsschwerpunkte: Morphologie, Syntax und kontrastive Grammatik.

LIU, Jing (Universität Hamburg)

ANREDEFORMEN IM CHINESISCHEN

Das Verhältnis zwischen Menschen, die miteinander sprechen, drückt sich unter anderem darin aus, wie sie einander anreden. Gegenstand dieser Arbeit sind die Anredeformen der modernen chinesischen Umgangssprache. Im folgenden werden die Anredeformen in der chinesischen und der deutschen Sprache miteinander verglichen und damit ein Einblick in das Anredeverhalten der heutigen chinesischen Gesellschaft gegeben.

Das Thema kann an dieser Stelle nicht erschöpfend erörtert werden, da es bislang kaum Untersuchungen, bzw. kaum wissenschaftliche Literatur zu diesem Themenbereich gibt. Von daher ist die Verfasserin gezwungen, bei der Arbeit im wesentlichen von der Erfahrung und Kompetenz auszugehen, über die sie als Muttersprachlerin im Chinesischen verfügt. Mit dieser vergleichenden Darstellung können nur ein erster Einblick in das Thema gegeben und die elementarsten Unterschiede herausgearbeitet werden.

1. Das chinesische Personalpronomen

Die chinesischen Personalpronomina sind hauptsächlich folgende:"wo (ich), ni (du), nin (Sie), ta (er), ta (sie)". Wenn man die Mehrzahl ausdrückt, steht "men" nach dem Pronomen: "women (wir), nimen (ihr), tamen (sie, männlich), tamen (sie, weiblich)". "Nin" ist die Höflichkeitsform von "ni" (du) und wird "nin" ausgesprochen. Im mündlichen Chinesisch gibt es keine Pluralform, aber man kann "ninerwei" (Sie beide), "ninzhuwei" (Sie alle) usw. sagen. In der Schriftsprache hingegen kann man auch "ninmen" (Sie) schreiben. "Ta" (sie) und "tamen" (sie, Plural) vertreten das Femininum. Sie zeigen nur im Schriftlichen einen Unterschied zu der mündlichen Form von "ta" (er) und "tamen" (sie, Plural). Beide werden jedoch "ta" ausgesprochen.

Was die Form des Neutrums betrifft (deutsch: "es" im Singular, "sie" im Plural), so ist ihr im Chinesischen gleichfalls der Lautwert "ta" zu eigen. Diese Form wird allerdings in der chinesischen Schrift und Sprache nur selten verwendet. In der Schriftform unterscheidet sie sich von " er" und "sie" und erscheint als völlig eigenständiges Schriftzeichen. In der Vergangenheit wurde diese Form selten verwendet, jetzt jedoch geschieht dies immer häufiger.

2. Die chinesischen Anredepronomen

Es gibt im heutigen Hochchinesischen als Anrede an eine einzelne Person zwei verschiedene Anredepronomen: 1. das Pronomen "ni" (du), 2. das Pronomen "nin" (Sie). Im Plural, d.h. für die Anrede mehrerer Personen, gibt es im Chinesischen - wie auch im Deutschen - zwei Anredepronomen: 1. "nimen" (ihr), 2. "ninzhuwei" (Sie alle). In der deutschen Sprache wird das Pronomen "du" mit einem Verb in der 2. Person Singular kombiniert, im Plural dementsprechend "ihr" mit einem Verb, das in der 2. Person Plural steht. Das Pronomen "Sie" wird mit einem Verb in der 3. Person Singular, bzw. Plural verbunden.

Da in der chinesischen Sprache Verben generell keiner Konjugation unterliegen, zeigt sich hier ein deutlicher Unterschied in den beiden Sprachen. Die Verbform bleibt im Chinesischen für das Pronomen "ni" (Plural "nimen") und das Pronomen "nin" (Plural "ninzhuwei"), ebenso wie für alle anderen Pronomen gleich, während sie im Deutschen verändert wird.

Zum Charakter oder Wert der verschiedenen Anredepronomen ist folgendes zu sagen: Das Pronomen "ni"(du) impliziert bei symmetrischem Gebrauch ein hohes Maß an Vertrautheit. Es wird vor allem unter Familienangehörigen benutzt. Liegt ein großer Altersunterschied zwischen zwei miteinander kommunizierenden Personen vor, so spricht die jüngere meist in der "nin" (Sie) -Form zu der älteren Person; die ältere jedoch in der "ni" (du) -Form mit der Jüngeren. Gleiches gilt im Chinesischen für einen statusbedingten Unterschied zwischen den Sprechern.

Das Pronomen "nin" ist damit sowohl Ausdruck einer unterschiedlichen gesellschaftlichen Stellung als auch einer Höflichkeitsform, wenn sich z.b. Fremde begegnen.

Die pronominale Anrede des Chinesischen ist insgesamt vergleichbar mit der Pronominalanrede im Deutschen, denn "ni" (du) und "nin" (Sie) -Pronomen sind in beiden Sprachen Hauptanredeformen. Ein wichtiger Unterschied liegt aber darin, daß dem Chinesischen "nin" (Sie) -Pronomen eine größere Bedeutung zukommt, da es sehr viel häufiger als im Deutschen verwendet wird.

3. Zur nominalen Anrede im Chinesischen

Die herkömmlichen Formen wie "xiansheng" (Herr), "taitai" (Frau), "xiaojie" (Fräulein) dürfen heute in der VR China offiziell nicht gebraucht werden, weil sie sich auf alte Statusunterschiede und Herrschaftsverhältnisse beziehen. Statt dessen sollte allgemein die Anrede "tongzhi" (Genosse/ Genossin) benutzt werden. Nichtsdestoweniger ist in Taiwan die Anrede "xiansheng", "taitai", "xiaojie" noch völlig üblich, und sie ist darüberhinaus auch in der VR China gelegentlich in Gebrauch, beschränkt sich aber nur auf Situationen, in denen die genaue Einhaltung der gesetzlichen Anredevorschriften nicht so wichtig ist. Ausländern gegenüber werden z.B. die Anredeformen "xiansheng" und "taitai" (Herr, Frau) immer noch benutzt.

Die Anrede "xiansheng", "taitai", "xiaojie", "shifu"[1] (Meister) wird gewöhnlich mit dem Nachnamen kombiniert und entspricht so der deutschen "Herr/Frau/Fräulein"-Anrede. Der Unterschied besteht lediglich darin, daß im Chinesischen an erster Stelle der Familienname genannt wird, wie z.B. "Zhang xiansheng", im Deutschen dagegen zuerst die jeweilige Anredeform: "Herr Zhang".[2]

---

[1] "Shifu" wird sehr häufig Fachkräften, Handwerkern, Ingenieuren usw. oder auch z. B. Verkäufern gegenüber verwendet. Es ist Ausdruck einer mehr oder weniger ernst gemeinten Wertschätzung.

[2] Was den Nachnamen betrifft, so ist es in Deutschland neuerdings möglich, bei der Heirat zwischen dem Namen des Mannes und dem Namen der Frau als künftigem Familiennamen beider Ehepartner zu

4. Die Anrede in der Familie

Bei der Anrede von Familienangehörigen der älteren Generation können verschiedene Pronominalformen vorkommen. Man redet seine Eltern meistens mit "nin"/"ninerwei" (Sie/Sie beide) an, wenn man ihnen eine Höflichkeit erweisen oder sie aus irgendwelchen Gründen günstig stimmen will. Die pronominale Anrede ist hier nicht festgelegt, sondern gegenüber ein und derselben Person je nach der Situation variabel. Heute ist es in China vor allem in gebildeten Schichten der städtischen Bevölkerung noch üblich, die Eltern mit "nin" (Sie) bzw. "ninerwei" (Sie beide) anzureden. In Deutschland ist dies lange schon nicht mehr gebräuchlich.

Die Kinder erhalten von den Eltern zunächst einmal einen "kindlichen Vornamen", mit dem sie auch angeredet werden. Üblicherweise mit Schuleintritt bekommt das Kind von seinen Eltern oder der Schule einen neuen Vornamen. Später werden im Familienkreis beide Vornamen benutzt. Daneben werden aber auch Verwandtschaftsbezeichnungen wie z.B. "nüer" (Tochter) oder "erzi" (Junge, Sohn) als Anrede verwendet. Wie der Gebrauch von "nin/ninerwei" für die Eltern deren höheren Status ausdrückt, so zeigt sich andererseits in der einseitigen Verwendung von Vornamen für die Kinder die unterschiedliche Generationszugehörigkeit.

Onkel und Tante redet man auch mit "nin" (Sie) an. Das Pronomen "ni"(du) ist hier nicht üblich. Onkel und Tante reden die jüngere Generation ebenfalls nur mit "ni" an. Zur nominalen Anrede benutzen die Nichten und Neffen die Anrede "shufu" (Onkel) bzw. "shenmu" (Tante). Den Vornamen, wie hier in Deutschland üblich, verwendet man in China überhaupt nicht. Die Neffen und Nichten selbst können von Onkel und Tante mit dem Vornamen bzw. dem "kindlichen Vornamen" oder der Verwandtschaftsbezeichnung (zhier, zhinü - Neffe, Nichte) angeredet werden.

---

wählen. Man kann auch Doppelnamen annehmen. Die Frauen in China behalten ihren Nachnamen nach der Heirat in jedem Falle weiter. Die Kinder, die aus der Ehe hervorgehen, tragen immer den Namen des Mannes.

Insgesamt zeigen die Anredeformen der Angehörigen verschiedener Generationen im pronominalen Bereich eine durchgängige Asymmetrie: Nach oben werden immer "nin" -Formen (shufu, shenmu / Onkel, Tante) gebraucht, nach unten dagegen nur "ni" -Formen.

Zur Anrede an die Geschwister wird nur das "ni" -Pronomen gebraucht, das diese auch untereinander verwenden. Allerdings kann bei einem sehr großen Altersunterschied (20 Jahre oder mehr) auch das "Sie" gegenüber einem älteren Bruder oder einer älteren Schwester benutzt werden. Diese Asymmeterie würde dann aber nur so lange bestehen bleiben, bis der Jüngere das Erwachsenenalter erreicht hat. Dann würde der Altersunterschied an Bedeutung verlieren, und es könnte zum gegenseitigen "ni" (du) übergegangen werden. Als nominale Anredeformen unter Geschwistern werden Vornamen, meistens aber die Verwandtschaftsbezeichnungen "gege" (Bruder), "jiejie" (Schwester) benutzt.

Cousin und Cousine erhalten und geben in der Regel "ni" -Formen. Bei einem sehr großen Altersunterschied kann auch hier von den Jüngeren erwartet werden, daß sie die Älteren mit "nin" (Sie) anreden. Die nominale Anrede verhält sich ähnlich wie bei den Geschwistern. Es werden Vorname oder Verwandtschaftsbezeichnung - "biaodi" (Cousin) bzw. "biaomei" (Cousine) - gebraucht.

Ehepartner reden sich gegenseitig mit "ni" (du) an. Sie können als nominale Anrede Vornamen oder die Verwandtschaftsbezeichnung "airen" (Ehemann/Ehefrau) gebrauchen. Im Deutschen werden Ehepartner manchmal mit Vati bzw. Mutti angeredet, vor allem, wenn sie Kinder haben. Diese Anrede ist in China nicht üblich.

Die Großeltern redet man meistens mit "ni" (du) an. Die Tendenz zur "ni" -Anrede ist hier trotz des höheren Alters größer als bei den Eltern. Ursache dafür ist, daß zwischen Großeltern und Enkeln ein weniger direktes Autoritätsverhältnis besteht als zwischen Eltern und Kindern.

Zur nominalen Anrede an die Großeltern können die Verwandtschaftsbezeichnungen "yeye" (Großvater) und "nainai" (Großmutter) gebraucht werden. Enkel werden von den Großeltern mit dem Vornamen, dem kindlichen Vornamen oder der Verwandtschaftsbezeichnung "suner" (Enkel) angeredet.

Zur Anrede an einen Sohn oder eine Tochter würde der Vater "ni" (du) verwenden und von ihnen "nin" (Sie) erwarten. Als Nominalanrede würde er den Vornamen, den kindlichen Vornamen oder auch die Verwandtschaftsbezeichnung "erzi" (Sohn) und "nüer" (Tochter) verwenden und würde seinerseits die Verwandtschaftsbezeichnung "baba" (Vater) erwarten.

Allgemein läßt sich sagen, daß konservative Väter aus der Oberschicht in stärkerem Maße Wert auf die "nin" -Anrede von ihren Kindern legen.

Bei der chinesischen Anrede in der Familie fällt insgesamt auf, daß dort Generations- und damit Statusunterschiede recht deutlich am Gebrauch von Anredeformen sichtbar werden. So wird gegenüber der älteren Generation häufig die "nin" (Sie) - Anrede verwendet, was sich allerdings bei der heutigen Generation wieder etwas abschwächt. Die chinesische Pronominalanrede erlaubt mit ihren Varianten auch eine feinere Abstufung als etwa die deutsche. In der nominalen Anrede spiegeln sich Generations- oder Altersunterschiede wider, im obligatorischen Gebrauch von Verwandtschaftsbezeichnung nach oben und in der Vornamen-Anredemöglichkeit nach unten.

Die Anrede mit Verwandtschaftsbezeichnung nach unten (Sohn, Neffe, Enkel usw.) oder innerhalb derselben Generation (Bruder, Schwester, Schwager, Cousin etc.) ist im chinesischen weitaus üblicher als im Deutschen. Anders als im Deutschen wird im Chinesischen bei den Verwandtschaftsbezeichnungen sehr genau unterschieden zwischen Verwandten väterlicherseits und Verwandten mütterlicherseits (z.B. "dashu/laoshu" - der älteste Bruder / der jüngste Bruder des Vaters; "dajou/laojou" - der älteste Bruder / der jüngste Bruder der Mutter). Desgleichen wird bei Geschwistern differenziert, je nach der Relation bzgl. des Lebensalters (z.B. "dage" - der älteste Bruder, "erge" - der zweitälteste Bruder; "xiaodi" - der jüngste Bruder). Die Anrede mittels der Verwandtschaftsbezeichnung ist distanzierter als die Anrede mit Vorname und bei ihrem Gebrauch bleibt ein Generationsunterschied nach unten dadurch sichtbar, daß die Verwandtschaftsbezeichnungen eine bestimmte

Generationszugehörigkeit implizieren, so daß die Verwendung von Verwandtschaftsbezeichnungen einer statusorientierten Anrede entspricht.

Bei der chinesischen Anrede, auch innerhalb der Familie, spielt weiterhin das Geschlecht eine Rolle. Bei gleichem Geschlecht von Sprechern und Angeredeten sind häufig vertrautere Anredeformen möglich als bei ungleichem Geschlecht.

5. Die Anrede in der Nachbarschaft

Bei der Anrede in der Nachbarschaft spielt ebenfalls das Alter eine gewisse Rolle. Der soziale Status resultiert in China weniger aus den materiellen Verhältnissen, da diese sich in der Regel sowieso nicht so stark unterscheiden. Der soziale Status wird eher durch den Altersunterschied, die Ausbildung oder auch durch eine bestimmte Stellung (z.B. Armeezugehörigkeit, leitende Position) geprägt.

Man redet Nachbarn meistens mit "ni" (du) an. Als Nominalanrede an Gleichaltrige bei gleichem Status ist der Vorname möglich und bei höherem Status auch "tongzhi" + Nachname (Genosse/Genossin + Nachname), also die offizielle Anrede. Umgekehrt sprechen sich gleichaltrige Nachbarn mit "tongzhi" + Nachnamen oder Vornamen und gleichaltrige mit unterschiedlichem Status wiederum mit "tongzhi" an.

In der Anrede an ältere Nachbarn benutzt man fast nur "nin" (Sie) -Formen. Der Jüngere wird von Älteren nur mit "ni" (du) angeredet. Hierbei greifen die Faktoren Altersunterschied und Status ineinander. Als nominale Anrede benutzt man "tongzhi". Die isolierte Verwendung von Nachnamen hat im Chinesischen einen unhöflichen Charakter.

Sehr alte Nachbarn, also solche, die um etwa zwei Generationen älter sind als der Sprecher, redet man mit "nin" (Sie) an. Die soziale Stellung spielt dabei keine Rolle, da das Alter in jedem Falle die "nin" (Sie) -Anrede erfordert. Sie können sehr häufig von sehr jungen Nachbarn "lao" + Nachnamen (alter + Nachnamen) angeredet werden. Der junge Sprecher selbst kann von sehr alten Nachbarn mit Vornamen, aber auch "xiao" + Nachnamen (jung/klein + Nachnamen) als Ausdruck des Altersunterschieds, angesprochen werden, da dort der Faktor Altersunterschied in Richtung auf eine vertrauliche Anrede wirkt.

Bei Angeredeten mit höherer sozialer Stellung benutzt man die offizielle Form "tongzhi" (Genosse/Genossin). Daß diese Anrede gerade bei höherem Status auftritt, erklärt sich zum einen daraus, daß dies die gesetzlich vorgeschriebene Anrede (zur Ersetzung der "xiansheng/taitai" - Herr/Frau - Anrede) ist und daß nach oben oft formellere Formen gebraucht werden, zum anderen auch daraus, daß eine hohe gesellschaftliche Stellung mit einer Funktion in der Partei zusammenhängen kann und in einem solchen Falle sowieso "tongzhi" (Genosse/Genossin) die angemessene Anrede ist. Als Person mit einem hohen sozialen Status wird man sowohl von Jüngeren mit niedrigem Status als auch von Sprechern mit gleichem Status die Anredeform "tongzhi" erhalten. Von Jüngeren mit höherem Status könnte ebenfalls "tongzhi" + Nachname gebraucht werden.

Erwachsene reden Kinder ohne Unterschied mit "ni" (du) an und erhalten stets die "nin" (Sie) -Form zurück, worin sich der Altersunterschied klar widerspiegelt. Als Nominalanrede an Kinder benutzt der Erwachsene den entsprechenden Vornamen, wird aber selbst von ihnen mit "shushu" + Nachname (Onkel + Nachname), "ayi" + Nachname (Tante + Nachname), angeredet. In der Anrede an und durch Kinder steht also der Altersunterschied im Vordergrund.

Wie aus den oben dargestellten Anredeverhältnissen hervorgeht, kann die Anrede, die Nachbarn untereinander benutzen, von verschiedenen Faktoren beeinflußt werden. Einer dieser Faktoren ist das Alter. So gebraucht der Sprecher zur Anrede an einen Nachbarn das "du", wenn dieser jünger ist als er, das "du", wenn dieser gleichaltrig ist und "Sie", wenn dieser älter ist.

Hieran ist deutlich die zunehmende Höflichkeit bei zunehmendem Alter des Angeredeten zu erkennen. Umgekehrt kann diese Regel entfallen, je vertraulicher das Verhältnis des Sprechers und je geringer der Altersunterschied zum Gesprächspartner ist.

6. Die Anrede an der Universität

An der Universität können unter Studenten alle zwei Pronominalanredeformen, "ni" (du) und "Nin" (Sie), vorkommen. Jüngere und gleichaltrige Studenten benutzen "ni" (du). Bei nur flüchtiger Bekanntschaft gegenüber Älteren - wie auch in anderen Lebensbereichen der chinesischen Gesellschaft - wird "nin" (Sie) gebraucht.

Studenten redet man mit Vornamen oder Nachnamen Vornamen, unabhängig vom Alter an.

Professoren und Dozenten redet man immer mit "nin" (Sie) an, wird aber selbst als Student von ihnen mit "ni" (du) angeredet. Nominal redet man den Professor oder Dozenten mit "jiaoshou" + Nachname oder "laoshi" + Nachname (Professor + Nachname oder Lehrer + Nachname) an. Mit "tongxue" + Nachname (Kommilitone + Nachname) oder "tongzhi" + Nachname (Genosse + Nachname) wenden sich die Professoren an ihre Studenten. Außerhalb des Unterrichts kann der Student gelegentlich von den Professoren mit Nachnamen angeredet werden, wenn der Altersunterschied gering ist.

Auffällig ist bei der Nominalanrede, daß in China (insbesondere im Unterricht) die Rollen der Kommunikationspartner deutlich ausgedrückt werden, in Formen wie "jiaoshou" (Herr Professor) oder "tongxue" (Kommilitone).

Insgesamt fällt bei der Konstellation Hochschullehrer - Student auf, daß in der pronominalen Anrede das asymmetrische Muster "Sie" (an den Hochschullehrern) - "du" (an den Studenten) vorherrscht. Dieses Muster spiegelt zum einen die ungleichen Positionen der Kommunikationspartner, zum andern auch den Altersunterschied, der mit diesen Rollen einhergeht, wider. Eine Situation, wie sie in Deutschland in den letzten Jahren häufig anzutreffen ist, daß sich Studenten und Professoren duzen, ist für China unvorstellbar.

7. Die Anrede am Arbeitsplatz

Hier verhält es sich ähnlich wie in anderen, vorher bereits beschriebenen Gesprächssituationen. Jüngere, aber auch ältere Arbeitskollegen, mit der gleichen Position im Betrieb, reden sich gegenseitig mit "ni" (du) und "tongzhi" (Genosse), vorzugsweise aber mit Vornamen an. Der Gebrauch des Vornamens zeigt deutlich die Vertrautheit an, die sich aus den beiden solidarisierend wirkenden Faktoren, Gleichaltrigkeit und gleiche Position, ergeben kann. Ist ein großer Altersunterschied zwischen den Kollegen vorhanden, so spiegelt sich dieser in der Anrede wider, d.h. vom Jüngeren wird das "nin" (Sie) erwartet, der Ältere dagegen benutzt "ni" (du) bzw. "tongzhi" (Genosse).

Bei der nominalen Anrede werden Vorgesetzte manchmal mit ihrer "Berufsbezeichnung" angeredet. Es handelt sich hierbei um eine Kombination aus Familienname und Titel, z.B "wang zhuren" (Leiter Wang), "liu kezhang" (Abteilungsleiter Liu) usw. Eine solche Anrede wird nur so lange gebraucht, wie der Angeredete tatsächlich in dieser Funktion arbeitet. Eine weitere höfliche Anredemöglichkeit stellt ein Titel dar, der im Chinesischen eine besonders große Rolle spielt: z.B. "laoshi" (Lehrer). Das ist der Titel für einen Lehrer und hat vielfach heute noch auf dem Land eine sehr wichtige Stellung.

Die oben genannten berufs- oder rollenbezogenen Anreden haben im Deutschen keine Entsprechung. Sie sind im Grunde eine sehr sachliche Form der Anrede, die weder ein persönliches Verhältnis ausdrücken, noch statusbedingte Höflichkeitsformeln enthalten.

8. Briefanrede und Briefabschluß

Im Chinesischen kann man einen Brief an einen Freund eröffnen, indem man ihn "qinaide" + Vornamen (lieber + Vornamen) anredet. Es kann aber auch eine Anrede ohne das Attribut "lieb" gewählt werden, z.B. "xiao/lao" + Nachname (junger/alter + Nachname), "tongzhi" + Nachname (Genosse + Nachname), "jiaoshouxiansheng" + Nachname (Herr Professor + Nachname), was gegenüber der ersten Anrede nicht unhöflich ist. In formellen oder offiziellen Schreiben wird - wie zu erwarten - die Anrede "tongzhi" + Nachname gebraucht.

Abschließen kann man einen Brief mit "zaijian" (auf Wiedersehen). In einem unpersönlichen Brief schreibt man auch "jingshang" (hochachtungsvoll).

Zusammenfassung

Wie im Verlauf der Arbeit gezeigt wurde, hat im Chinesischen das Alter von Kommunikationspartnern einen recht großen Einfluß auf die Anrede. Diese Altersunterschiede finden ihren Ausdruck in einer Asymmetrie von Anredeformen. Im Deutschen dagegen ist unter Erwachsenen eine asymmetrische pronominale Anrede selten.

Insgesamt ist der Gebrauch der Pronominalanrede im Chinesischen vielschichtiger und situationsabhängiger als die Nominalanrede. Bei Pronominalanrede werden Alters- und Statusunterschiede eher berücksichtigt.

Der Gebrauch von Verwandtschaftsbezeichnungen + Vorname ist im Chinesischen viel häufiger als im Deutschen anzutreffen. In der deutschen Sprache benutzt man zwar die Verwandtschaftsbezeichnungen Onkel und Tante (z.B. Onkel Burkhart, Tante Anna), nicht aber üblicherweise Anreden wie Bruder Burkhart, Nichte Anna, Sohn Peter, oder Anreden, die nur aus der Verwandtschaftsbezeichnung bestehen (z.B. Bruder, Neffe).

Die chinesische Sprache weist also insgesamt eine wesentlich größere Vielfalt an Anredeformen auf, durch die die Stellung des einzelnen in Familie, Arbeitsbereich und Gesellschaft sehr genau zum Ausdruck gebracht werden kann. Die Einhaltung der Regeln bei den Anredeformen unterliegt jedoch gleichzeitig einem relativ hohen Maß an Flexibilität. Politische und gesellschaftliche Veränderungen haben in der Vergangenheit auch ihre Spuren im Anredeverhalten hinterlassen.

Ob und wieweit die fortschreitende Modernisierung der chinesischen Wirtschaft und Gesellschaft Auswirkungen auf die Sprache und insbesondere auf die Anredeformen haben wird, kann zu diesem Zeitpunkt noch nicht mit Sicherheit gesagt werden - es ist jedoch zu vermuten.

LIU, Jing:

absolvierte das Germanistikstudium an der 2.Fremdsprachenhochschule Beijing und studiert Geschichte in Deutschland.

LIU, Qingli

STELLUNGSVERGLEICH DES SUBJEKTS IM EINFACHEN
DEUTSCHEN UND CHINESISCHEN AUSSAGESATZ

1. Einleitung

Die Sprache ist das wichtigste Kommunikationsmittel, durch das die Menschen gegenseitig Kontakt aufnehmen und sich verständigen. Sprachvergleichende Untersuchungen sollen der Erleichterung des Fremdsprachenerwerbs und der Optimierung des Fremdsprachenunterrichts sowie der Verbesserung der umfangreichen Übersetzungsarbeit dienen.

Deutsch und Chinesisch sind keine verwandten Sprachen. Deutsch gehört zur indoeuropäischen Sprachfamilie, während Chinesisch der sino-tibetischen Sprachfamilie zugeordnet wird. "Nach der Aufteilungstheorie von Fink ist Deutsch eine flektierende und synthetische, Chinesisch aber weitgehend eine isolierende und analytische Sprache."[1] Deutsch und Chinesisch gehören zwar nicht zur gleichen Sprachfamilie, man kann sie aber trotzdem kontrastieren. Die Voraussetzung dafür ist, daß sie einen ähnlichen grammatischen Aufbau besitzen.

Gemeinsam haben das Deutsche und das Chinesische, daß sie die sprachlichen Einheiten hierarchisch auf den Ebenen Morphem, Wort, Wortgruppe, Satzglied, Satz und Text organisieren. Die Wörter werden in bestimmte Wortarten unterteilt, wie Substantiv, Verb, Modalverb, Adjektiv, Adverb, die Sätze werden unterteilt in Aussagesatz, Fragesatz, Ausrufesatz usw. Diese Ähnlichkeiten stellen die Grundlage dar, auf der das deutsche und das chinesische Grammatiksystem kontrastiert werden.

---

[1] Zhang, Liecai: Eine kontrastive Analyse der Satzbaupläne des Deutschen und des Chinesischen. Inaugural-Dissertation, Köln, 1983, S. 7.

Der vorliegende Beitrag hat die Absicht, sich mit dem Wortstellungsvergleich des Subjekts im einfachen deutschen und chinesischen Aussgesatz zu beschäftigen. Die vergleichenden Analysen beschränken sich jedoch auf die syntaktische Ebene und sollen nicht auf die Semantik eingehen. Alle Thesenpunkte versuche ich durch möglichst anschauliche Beispiele zu konkretisieren.

2. Stellungsvergleich des Subjekts im einfachen deutschen und chinesischen Aussagesatz

Zu den Satzgliedern gibt es verschiedene Definitionen.In diesem Beitrag verwende ich die herkömmlichen Satzgliederbegriffe, wie Subjekt, Objekt, Prädikat, Adverbialbestimmung, Attribut usw.

Satzglieder stehen nicht beliebig oder willkürlich nebeneinander. Ihre Stellung ist geregelt. "Die Faktoren, die die Reihenfolge der Satzglieder bestimmen, sind morphologischer, syntaktischer, intonatorischer, intentionaler und situativer Art."[2] Unsere Schwerpunkte liegen hauptsächlich auf syntaktischen Faktoren.

Das Deutsche hat eine relativ freie Wortstellung. Die meisten Satzglieder sind ziemlich frei in ihrer Stellung und können an verschiedenen Stellen im Satz stehen, "d.h. sie können in Abhängigkeit von dem emotionalen Gehalt des Satzes, von der kommunikativpsychologischen Einstellung des Sprechenden usw. ihre Stellung im Satz ändern."[3] Dies gilt vor allem für Subjekt, Objekt und Adverbialbestimmung. Es gibt jedoch Satzglieder, deren Stellung zum Teil verhältnismäßig streng festgelegt ist, und die keine Variationen zulassen. In erster Linie ist dies das Prädikat, das im einfachen Aussagesatz und im Hauptsatz die Zweitstellung, im Nebensatz die Endstellung und im Fragesatz die Erststellung einnimmt.

Die Wortstellung im Chinesischen ist viel fester als die im Deutschen, weil die

---

[2] Knaurs Grammatik der deutschen Sprache. Sprachsystem und Sprachgebrauch. Von Lutz Götze, Ernst W.B. Hess-Lüttich. München 1989, S. 401.
[3] Admoni, Wladimir: Der deutsche Sprachbau. 3. Auflage, München 1970, S. 292.

chinesische Sprache eine flexionslose Sprache ist und keinen Kasus kennt. Die syntaktischen Funktionen eines Wortes oder eines Satzgliedes werden durch ihre Stellung im Satz bestimmt.

Was ist eigentlich das Subjekt? Dazu gibt es verschiedene Auffassungen. In der Duden-Grammatik heißt es: "Das Subjekt ist der formale Ansatzpunkt des verbalen Geschehens, das durch das Prädikat bezeichnet wird. Merkmal dafür ist die im deutschen Satz zwingend vorgeschriebene Kongruenz zwischen Subjekt und Finitum. Mit ihr hängt zusammen, daß die Subjektstelle in der Regel durch ein Glied im Nominativ besetzt ist; auch wo das nicht so ist, ist immer Ersatz durch ein Glied mit diesem Fallwert möglich."[4] Bekanntlich unterscheidet man den Subjektbegriff in drei traditionelle Dimensionen:

"grammatisches Subjekt - - - syntaktische Beziehungen
logisches Subjekt - - - semantische Rollen
psychologisches Subjekt - - - pragmatische Größen "[5]

Diese Unterscheidungen sind im Prinzip überall dort geltend, wo über das Subjekt gesprochen wird, auch wenn die Ansichten verschieden sind. In diesem Kapitel wird hauptsächlich das grammatische Subjekt behandelt.

Das Subjekt ist im Deutschen stellungsmäßig variabel, weil es über die Morphologie bereits hinreichend markiert ist. Es kann an die erste, zweite, dritte Satzstelle sowie ganz hinten an das Satzende gestellt werden. Wo es im Satz steht, hängt von der Redeabsicht, von der Wirkung auf andere Satzglieder und seinem Mitteilungswert ab.

2.1. Stellung des Subjekts vor dem finiten Verb im einfachen Aussagesatz

"Das Subjekt im Sinne von grammatischem Satzsubjekt steht im deutschen Aussagesatz gemäß der Erhebung von U. Hoberg (1981) zu 53,3% (pronominal) bzw.

---

[4] Duden: Grammatik der deutschen Gegenwartssprache. Mannheim 1966, S. 560.
[5] Schmidt, U.A.: Imperonalia, Diathesen und die deutsche Satzgliedstellung. Bochum 1987, S. 82.

28

57,6% (nominal) "im Vorfeld", also satzinitial. Gerade etwas häufiger als in der Hälfte aller "Aussage- "bzw. "Hauptsätze" erscheint also das Subjekt an erster Stelle."[6]

Es folgen als Verdeutlichung ein Ausschnitt eines Artikels in der "Zeit" und ein Absatz aus dem Buch "Fragen an die deutsche Geschichte": "Der Befund rechtfertigt solche starken Worte. Die Menschen haben in den vergangenen hundert Jahren gewaltige Fortschritte gemacht. Aber die Kehrseite des Fortschrittes läßt sich nicht länger leugnen. Seit 1900 hat sich das Volumen der Weltwirtschaft verzwanzigfacht. Der Verbrauch fossiler Brennstoffe ist auf das Dreißigfache angestiegen, die Industrieerzeugung auf das Fünfzigfache. Vier Fünftel dieses Wachstums entfielen auf die zurückliegenden vierzig Jahre. Der größte Teil kam der Nordhälfte des Globus zugute: 25 Prozent der Weltbevölkerung verbrauchen 80 Prozent aller erzeugten Güter."[7] "Der Aufschwung der Weltwirtschaft nach 1933 trägt zur Erholung der deutschen Wirtschaft bei. Ein Arbeitsbeschaffungsprogramm der Nationalsozialisten sieht vor allem öffentliche Arbeiten vor. Es belebt die Industrieproduktion nur wenig, holt jedoch den Arbeitslosen bei niedrigen Löhnen von der Straße. Die zunächst getarnte Aufrüstung und der Ausbau der Wehrmacht mit zweijähriger Dienstzeit lassen die Arbeitslosigkeit weiter sinken. Dieser Erfolg trägt dazu bei, daß das nationalsozialistische Regime im deutschen Volk kaum noch auf Ablehnung stößt."[8]

Die beiden Texte sind rein sachverhaltsbezogene Texte. In solchen emotional-neutralen Sätzen zeigt das Subjekt eine deutliche Tendenz zur Grammatikalisierung der Erstposition des Subjekts. B. Bieberle erklärt diese Erscheinung aus der syntaktischen Beziehung des Subjekts zu anderen Satzgliedern folgendermaßen: "Das Subjekt ist ein vom Prädikat unabhängiges Glied; es ist eine Konstituente des Satzes, nicht des Prädikats. Subjekte können sich (abgesehen von wenigen besonderen Fällen) stets auf den gesamten Satz beziehen, indem sie den Träger des dargestellten Geschehens oder Zustands nennen."[9]

In kontextfreier und situationsferner Darstellung erscheint das Subjekt normalerweise

---

[6] Vgl. Anm. 5, S. 257.
[7] Sommer, Theo: Und wenn die ganze Welt verbrennt? In: "Die Zeit" April 1990, S. 1.
[8] Fragen an die deutsche Geschichte. Herausgeber: Deutscher Bundestag Referat Öffentlichkeitsarbeit, Bonn 1988, S. 294.
[9] Etzensperger, Jürg: Die Wortstellung der deutschen Gegenwartssprache als Forschungsobjekt. Berlin 1979, S. 83.

als Ausgangspunkt, und das indirekte oder direkte Objekt folgt dann hinterher. Die Wörter in der Erststellung können als besonders hervorgehoben verstanden werden. Ein Subjekt in Erststellung wirkt hingegen nicht als besonders gewichtig, weil die Satz-Erststelle am häufigsten mit ihm ausgefüllt wird. Das Subjekt an erster Stelle gilt also im Deutschen und im Chinesischen als normal.

Sie gehen ins Kino.
tamen qu dianyingyuan.
Die Stadt hat zwei Millionen Einwohner.
zhe ge chengshi you liangbaiwan renkou.
Das Wetter ist schön.
tianqi henhao.

Wenn das Subjekt allgemein oder unbekannt ist, steht es normalerweise nicht am Satzanfang, sondern weiter hinten. Dies ist im Deutschen durch unbestimmte Artikel des Subjekts und im Chinesischen durch "yige","mouge" zu verdeutlichen. Aber wenn das Subjekt durch ein Demonstrativpronomen bestimmt wird, ist es zum bekannten Element geworden. In diesem Fall sollte es die normale Stellung, nämlich die Anfangsstellung, einnehmen:

Sein Bruder kam aus Beijing.
ta didi cong beijing lai le.
Frau Müller geht in die Stadt.
Müller taitai jincheng.
Sein neues Auto steht links neben dem Laden.
ta de xin qiche ting zai shangdian zuobian.

In literarischen Texten wird manchmal die Erststellung des Subjekts bei mehreren Sätzen hintereinander benutzt, um eine poetische Schönheit zu erreichen. Hier sei als Beispiel ein Ausschnitt aus dem Roman "Der Tod in Venedig" von Thomas Mann angeführt: "Der Himmel war grau, der Wind feucht. Hafen und Inseln waren zurückgeblieben, und rasch verlor sich aus dem dunstigen Gesichtskreise alles Land."[10]

---

[10] Thomas, Mann: Der Tod in Venedig und andere Erzählungen. Frankfurt am Main, S. 19.

2.2. Stellung des Subjekts hinter dem finiten Verb im einfachen Aussagesatz

Nach der Statistik steht das Subjekt zu 50 bis 60 Prozent am Satzanfang. Das heißt, die erste Satzposition wird bei knapp 50 Prozent der Sätze von anderen Satzgliedern besetzt.

Die erste Satzstelle ist nicht mit dem Subjekt identisch; dies gilt sowohl für das Deutsche als auch für das Chinesische. Brinkmann schreibt: "Dagegen gilt das Subjekt (von der Wortfolge her) nicht als bedingt, wenn es die Spitze einnimmt, vor allem, wenn es ein Substantiv ist, das zum ersten Male genannt wird und nicht durch ein Pronomen an die vorhergehende Rede angeschlossen ist."[11] Wang Songmao sagt zum chinesischen Subjekt folgendes: "Deshalb sagen wir, das erste Satzglied muß nicht unbedingt Subjekt sein, das letzte Satzglied kann nicht unbedingt Nicht-Subjekt sein. Das Anfangssatzglied hat mit dem Subjekt keine zwangsläufige Verbindung."[12]

Die Stellung des Subjekts nach dem Objekt ist nicht weniger akzeptabel als die Stellung vor dem Objekt. Wenn ein Verfasser nicht beabsichtigt, die Sätze in seinem Text nur mit Subjekten beginnen zu lassen, um ein bestimmtes Ziel zu erreichen, dann soll er die Stellung des Subjekts variieren, damit der Text nicht langweilig wirkt. Das Subjekt kann im Deutschen nach dem Objekt auf dem dritten, vierten Platz oder noch weiter hinten stehen.

Wenn ein Satzglied betont wird, muß es nicht unbedingt immer am Satzanfang stehen; es kann genauso gut am Satzende stehen. Das Subjekt kann ohne weiteres gegen das Satzende rücken, wenn sein Mitteilungswert besonders groß ist. "Wenn es (das Subjekt) betont wird, kann es an das Ende des Satzes gesetzt werden; bei mehrteiligen Prädikaten verläßt es den Satzrahmen jedoch normalerweise nicht. Dies

---

[11] Brinkmann, Hennig: Die deutsche Sprache. Gestalt und Leistung. Düsseldorf 1962, S. 491.
[12] Wang, Songmao (Hg.): Hanyu yufa yanjiu cankao ziliao (Informationsmaterial zur Untersuchung der chinesischen Grammatik). Beijing 1983, S. 1.

gilt sowohl für das Deutsche als auch für das Chinesische,"[13] obwohl die Wortstellung im Chinesischen wesentlich fester als im Deutschen ist. Wenn gerade das betonte Glied Subjekt ist, wird es in diesem Fall nach hinten zum Satzende geschoben.

Im Deutschen:

Da kommt ein Auto.
Gestern war er im Büro, nicht wir.
Nach tagelangem düsterem Wetter kommt heute endlich
ein sonniger Tag.

Im Chinesischen:

zheshi lai le **yiliang qiche.**
zuotian shi **ta** zai bangongshi, er bushi **women.**
tianqi chenmen le jitian, jintian zhongyu chu **taiyang** le.

Es gibt noch einen Fall, bei dem das Subjekt am Satzende steht. Wenn das Subjekt ein unbekanntes Element ist, weil ein unbekanntes Satzelement normalerweise nicht am Satzanfang steht, tritt dieser Fall ein. Dies ist im Deutschen durch unbestimmte bzw. bestimmte Artikel deutlich zu sehen. Wenn das Subjekt z.B. allgemein und unbekannt ist und der Satz eine Adverbialbestimmung beinhaltet, steht das Subjekt hinter dem Prädikat. Die Adverbialbestimmung wird nach vorne an den Satzanfang gestellt. Das Verb bezeichnet in dieser Satzart normalerweise *Erscheinen, Dasein, Verschwinden oder körperliche Bewegung.*

Diese Regel gilt ebenfalls für das Chinesische:

Auf dem Tisch liegen zwei Zeitschriften.
zhuozi shang fangzhe **liangben zazhi.**
Heute kommt ein Besuch.
jintian lai **yiwei keren.**

---

[13] Vgl. Anm. 1, S. 216.

Links ist ein Supermarkt.
zuobian shi yige **chaojishichang.**

Im Chinesischen darf das Subjekt nicht nach Belieben des Sprechers/Verfassers hinter das Prädikat gestellt werden. Hier müssen einige Bedingungen erfüllt sein:

"1) Am Anfang des Satzes steht immer eine Adverbialverbindung des Ortes oder der Zeit.

2) Das Subjekt muß immer unbestimmt sein (...).

3) Es muß sich um ein Verb des **Erscheinens, Verschwindens, Existierens** oder der **Bewegung** handeln."[14]

In den meisten chinesischen Grammatiken werden diese hinter dem Prädikat stehenden Subjekte als Objekte betrachtet. Dies geht auf die Diskusion über die Definition des Subjekts zurück. Dabei gibt es zwei Hauptkriterien, erstens nach reiner Wortstellung, zweitens nach der semantischen Funktion. Welche ist richtig? Das ist eine in der letzten Zeit in China sehr umstrittene und viel diskutierte Frage. Sehr häufig werden Substantive des Orts, der Position und der Zeit als Subjektträger mit betrachtet. "Für orts- und zeitbezeichnende Substantive gilt, daß beide Arten genauso wie andere Substantive im Satz als Subjekt, Objekt, Prädikat und Attribut auftreten können."[15] Dieser Auffassung nach sind in den obigen Beispielen "auf dem Tisch ", "heute" und "links" Subjekte.

Es gibt jedoch auch Veröffentlichungen über die chinesische Grammatik, in denen nicht die am Satzanfang stehende Orts- oder Zeitangabe, sondern das hinter dem Prädikat stehende Satzglied Subjekt genannt wird. "Soll die Existenz bzw. das Erscheinen oder Verschwinden unbestimmter Personen oder Gegenstände zum Ausdruck gebracht werden, tritt das Substantiv, das diese Personen bzw. Gegenstände bezeichnet, als 'logisches Subjekt' hinter das Prädikat. In diesem Fall steht am Satzanfang eine Orts- oder Zeitangabe, um den Ort oder die Zeit zu

---

[14] Ly, Ping-chien/Motsch, Monika: Kurze Grammatik der modernen chinesischen Hochsprache.Taiping-Reihe Nr. 1 München 1985, S. 27.
[15] Kuan, Yuchien: Die Grundregeln des modernen Hochchinesischen. Hamburg 1974, S. 61.

bezeichnen, wo bzw. wann etwas in Erscheinung tritt, vorhanden ist oder verschwindet."[16]

Je länger ein Satz ist, desto unwahrscheinlicher ist es, daß der Satz im deutschen Satzbau nach der Subjekt-Verb-Objekt-Reihenfolge angeordnet wird. "In Texten mit sehr langen Satzperioden wird die satzinitiale Position überaus häufig (bis zu 60%) von 'Nicht-Subjekten' besetzt."[17]

Das Subjekt im Deutschen muß nicht immer unmittelbar vor oder nach dem finiten Verb stehen. Ein substantivisches Subjekt kann von einem Pronomen auf den vierten oder sogar auf den fünften Platz verdrängt werden, besonders wenn im Satz pronominale Objekte im reinen Kasus erscheinen. Diese können noch vor das Subjekt treten und es somit von seiner Position unmittelbar nach dem finiten Verb verdrängen. Hier sind einige Beispiele:

Im Unterricht erklärt es uns der Lehrer.
Beim Arbeiten hilft mir Herr Simon.
Gestern hat es (ein Kleid) mir meine Mutter gekauft.

Nach Erich Drachs Ansicht stehen zwei Kategorien der Satzelemente im "Vorfeld": 1) das gefühls- oder willenswertige Sinnwort; 2) "das bereits Gewußte, das nach vorher Anschliessende, die beiläufige Vorbereitung oder Umrahmung des Denkzieles."[18] Das Sinnwort ist das stärkstbetonte Wort des Satzes und hat dominierende Wirkung. Gefühl und Willen werden oft von Adverbialen repräsentiert:

Endlich kommt er.
So hübsch ist sie.
Ausgerechnet heute muß ich in die Stadt fahren.
Wahnsinnig ist er.

---

[16] Chao, Jung-lang: Chinesisch für Deutsche. Einführung in die chinesische Umgangssprache. 3. Auflage, Hamburg 1981, S. 169.
[17] Vgl. Anm. 5, S. 257.
[18] Drach, Erich: Grundgedanken der deutschen Satzlehre. Darmstadt 1963, S. 18.

34

Die erste Stellung hier kann als Hervorhebung des Glieds verstanden werden. An der ersten Stelle kann ein Satzglied stehen, das den Zusammenhang mit der vorhergehenden Rede verschafft. Um den Zusammenhang mit dem Kontext herzustellen, erscheinen an der ersten Stelle oft solche Konjunktionen wie *dann, danach, anschließend, darauf*:

Danach gehen wir ins Kino.
Darüber freue ich mich sehr.
Anschließend sind wir nach Hause gegangen.

Es gibt im Deutschen einen Sonderfall, bei dem man Subjekt und Akkusativobjekt schwer unterscheiden kann. "Eine bestimmte Wortstellung, die die natürliche Reihenfolge der Dinge in ihrer Beziehung zur Handlung widerspiegelt, hilft der Unterscheidung des Subjekts und des direkten Objekts, wenn die Kasusmerkmale beim Nominativ und Akkusativ fehlen und die Semantik zweideutig ist."[19] Das gilt vor allem für situationsferne und kontextfreie Sätze, wie:

Die Tochter besucht die Mutter.
Sie lieben die Kinder.
Die Pkw-Fahrerin läßt die Radfahrerin vorbei.

Bei solchen Sätzen wird das erste Substantiv bzw. das Pronomen vor dem Verb meistens als Subjekt empfunden. Es gibt jedoch noch Fälle, wo man nur durch die Wortstellung allein nicht unterscheiden kann, welcher Teil des Satzes Subjekt ist. In diesem Fall muß man zu anderen Mitteln greifen, z.B. zu topologischen Mitteln. Hier führen wir ein Beispiel an:

1) Letzten Sonntag hat sie die Mutter besucht.
2) Letzten Sonntag hat die Mutter sie besucht.

---

[19] Vgl. Anm. 3, S. 293.

Satz 1) ist zweideutig. Ohne Kontext kann *sie* sowohl als Subjekt als auch als Objekt verstanden werden. In Satz 2) kann *sie* nach den topologischen Regeln nur Objekt sein, da das Subjekt dem Objekt vorausgeht. Um Mißverständnisse zu vermeiden, soll man versuchen, in solchen Fällen eine Konstruktion ähnlich zu Satz 2) zu verwenden.

Die oben genannten Sonderfälle gibt es im Chinesischen nicht. Bei kontextfreien und neutralen Aussagesätzen wie *"Die Tochter besucht die Mutter"*, *"Sie lieben die Kinder"* gibt es nur ein Satzmodell, und zwar Subjekt + Prädikat + Objekt. Das heißt, was vor dem Prädikat steht, ist zweifellos Subjekt. Dabei spielt es keine Rolle, ob es ein Substantiv oder ein Pronomen ist. Deswegen gibt es keine Zweideutigkeit im Satz. Es können sich auch keine Mißverständnisse ereignen. Aber wenn man die Stellung des Subjekts mit der des Objekts umtauscht, ändert sich der Sinn des Satzes vollkommen.

Wo das Subjekt im Satz steht, hängt auch mit der entsprechenden Textsorte zusammen. Der Charakter der Textsorte spielt bei der Häufigkeit der nichtsubjektischen Satzanfänge eine wichtige Rolle. Normalerweise ist die Häufigkeit der nicht subjektischen Satzglieder am Satzanfang in Fachtexten, Sachprosa und Gedichten größer als in der Alltagssprache. Die Sätze der Alltagssprache sind meistens kurz, ihre Ausdrucksweise ist meist subjektivemotional und partnerbezogen.

LITERATURVERZEICHNIS

Admoni, Wladimir: Der deutsche Sprachbau. 3. Auflage, München 1970.
Beijing Yuyanxuehui: xiandai huanyu jiangzuo (Vorträge über die moderne chinesische Sprache). Beijing 1983.
Brinkmann, Hennig: Die deutsche Sprache. Gestalt und Leistung. Düsseldorf 1962.
Chao, Jung-lang: Chinesisch für Deutsche. Einführung in die chinesische Umgangssprache. 3. Auflage, Hamburg 1981.
Drach, Erich: Grundgedanken der deutschen Satzlehre. Darmstadt 1963.

Duden: Grammatik der deutschen Gegenwartssprache. Band 4. Mannheim 1963.

Eisenberg, Peter: Grundriß der deutschen Grammatik. 2. Auflage, Stuttgart 1989.

Etzensperger, Jürg: Die Wortstellung der deutschen Gegenwartssprache als Forschungsobjekt. Berlin 1979.

Knaurs Grammatik der deutschen Sprache. Sprachsystem und Sprachgebrauch. Von Lutz Götze, Ernst W. B. Hess-Lüttich. München 1989.

Kuan, Yuchien: Die Grundregeln des modernen Hochchinesischen. Hamburg 1974.

Ly, Ping-chien/Motsch, Monika: Kurze Grammatik der modernen chinesischen Hochsprache. Taiping-Reihe Nr. 1. München 1985.

Schmidt, U. A.: Imperonalia, Diathesen und die deutsche Satzgliedstellung. Bochum 1987.

Zhang, Liecai: Eine kontrastive Analyse der Satzbaupläne des Deutschen und des Chinesischen. Inaugural-Dissertation, Köln 1983.

LIU, Qingli:

Geboren 1960 in Tianjin, VR China. Deutschstudium an der Fremdsprachenhochschule Tianjin und LMU-München, M.A. Dieser Beitrag ist ein leicht geänderter Auszug ihrer Magisterarbeit "Vergleich der Serialisierug der Satzglieder im Deutschen und im Chinesischen " vom Jahr 1990 an der LMU-München.

GUO, Mingqin (Universität Nanjing)

DEUTSCHSPRACHIGE LITERATUR IN CHINA

Ein Versuch, durch die Erstellung eines Lexikons über deutschsprachige Literatur und durch die Untersuchung der Übertragung deutschsprachiger Literatur in China einen Überblick über deren Verbreitung und Rezeption in diesem fernöstlichen Land zu geben.

Das Germanistische Institut der Nanjing-Universität begann 1982 im Auftrag des Shanghaier Lexikon-Verlages ein Nachschlagewerk zur deutschsprachigen Literatur zu erstellen. Die Leitung als Herausgeber übernahm Herr Professor ZHANG Weilian[1], Träger des Großen Verdienstkreuzes der Bundesrepublik Deutschland und der Goethe-Medaille der ehemaligen Deutschen Demokratischen Republik. Durch intensive Arbeit eines siebenköpfigen Redaktionskollektivs und dank der Hilfe der gesamten Kollegschaft des Instituts wurde das Lexikon 1986 fertiggestellt und zur Drucklegung gegeben. Mit einer finanziellen Unterstützung der Bundesregierung konnte das Buch Ende 1991 endlich publiziert werden.

In dieses Lexikon haben wir 1400 deutschsprachige Autoren aufgenommen mit einer Darstellung der deutschen Literatur seit den "Merserburger Zaubersprüchen" bis in die Gegenwart. Wir haben rund 520 wichtige literarische Werke ausgewählt und ausführlicher vorgestellt. Dabei haben wir besonders die historischen, gesellschaftlichen und kulturellen Unterschiede zwischen Deutschland und China und die daraus resultierenden Verständnisschwierigkeiten für chinesische Leser zu berücksichtigen versucht. Die Lexikonartikel orientieren sich in ihrer Ausführlichkeit überdies an Bedeutung und Umfang des Oeuvres des betreffenden Schriftstellers. Wir haben außerdem neun Anhänge beigefügt: Literarische Terminologie; Literarische

---

[1] Zhang Weilian (Hrsg.)(1991): Deyu Wenxue Cidian (Lexikon der deutschsprachigen Literatur). Shanghai Cishu Chubanshe (Lexikon-Verlag).

Richtungen und Gesellschaften; Literaturpreise; Literarische Zeitungen und Zeitschriften; Literaturarchive und Dichtermuseen; Allgemeine Erläuterungen zum Hintergrund; Zeittafel zur deutschsprachigen Literaturgeschichte; Übersicht über die chinesischen Übersetzungen der deutschen Literaturwerke; Index, Autorenregister, Hauptwerkeregister und Stichwortregister eingeschlossen. Mit einem Umfang von 1056 Seiten, mit einigen Hundert Autorenporträts sowie Abbildungen zu wichtigen literarischen Ereignissen ist unser Lexikon das bislang umfangreichste in China verfaßte Nachschlagewerk zur deutschen Literatur. Es soll chinesischen Literaturwissenschaftlern und Deutschstudenten, ja allen, die sich mit deutschsprachiger Literatur beschäftigen wollen, als umfassendes Kompendium dienen. Wir sehen in unserer Arbeit einen konkreten Beitrag zur Intensivierung des kulturellen Austausches zwischen China und Deutschland im allgemeinen und zur Verbreitung der deutschsprachigen Literatur im besonderen.

Vor dem Erscheinen des Buches hatte uns ein klarer Überblick über die Übertragung der deutschsprachigen Literatur ins Chinesische leider immer gefehlt. Deshalb faßten wir die Aufgabe, ein Verzeichnis über die chinesischen Übersetzungen zu schaffen, ins Auge. Durch ganz einfache Arbeitsverfahren wie die Durchsicht der Kataloge der großen Staats- und Stadtbibliotheken, handschriftliches Abschreiben von Buchtiteln, Nachfragen bei den verschiedenen großen Verlagen und nicht zuletzt direkte Einsichtnahme in die privaten Bücherbestände der erfolgreichen Germanisten Chinas ist schließlich eine Liste zustandegekommen. Das Verzeichnis, das nur die buchförmigen Erscheinungen bis 1988 enthält und insgesamt 154 deutschsprachige Schriftsteller mit etwa 660 Übersetzungen aus ihrem Werk umfaßt, ist allerdings leider immer noch unvollständig. Allein das kann uns aber zeigen, daß die übersetzte deutschsprachige Literatur in China eine sehr breite Basis gewonnen und beim Leser große Resonanz gefunden hat. Hier möchte ich anhand dieses Verzeichnisses eine Skizze zeichnen, in der die chronologische Übersetzungsentwicklung bei uns dargestellt wird. Um eine katalogartige Aufzählung zu vermeiden, werden die Übersetzungen vier Phasen zugeordnet: Die erste Phase ist die Blütezeit nach der Neuen Kulturbewegung um 1919. In der zweiten Phase stand die Literatur im Banne der Vorstellung von einer proletarisch-revolutionären Literatur im Sinne des sozialistischen Realismus. Die dritte Phase betrifft die Zeit der "Kulturrevolution" nach 1966. In der vierten Phase erfuhr die Germanistik in China nach dem Sieg über die Vierer-Bande einen neuen Aufschwung.

1. Von der 4.Mai-Bewegung bis zur Gründung der VR China (1919-1949)

Die Übersetzungstätigkeit in China blickt auf eine mehr als zweitausendjährige Geschichte zurück, aber die Frage, wann das erste deutsche literarische Buch ins Chinesische übertragen wurde, kann nicht mit Sicherheit beantwortet werden. Nach meiner Untersuchung entstand die erste Übersetzung wohl schon im Jahre 1913, und zwar das volkstümliche romantische Kunstmärchen "Undine" von Friedrich Fouqué, das von dem berühmten Dichter Xu Zhimo übersetzt wurde. Zwei Jahre später wurden Grimms Märchen in China eingeführt. Da damals sowohl im Westen als auch in China vor und nach dem Ersten Weltkrieg Unordnung herrschte, gab es so gut wie keine weitere Übertragung mehr. Die deutschsprachige Literatur war deshalb für dieses ferne Land kein Begriff. Mit der Beseitigung des feudalen Systems, nämlich dem Sturz der Qing-Dynastie (1644-1911) durch die Revolution 1911, wurde in China eine Neue Kulturbewegung, auch die 4.Mai-Bewegung genannt, eingeleitet. Ihr Motto war, die feudalistische Gesinnung zu bekämpfen, Freiheit und Demokratie auch in China durchzusetzen und das Individuum zu befreien. Durch die Aufnahme der fremden Literatur entwickelte sich ein hohes Bewußtsein für die Notwendigkeit zur Öffnung nach außen in allen Bereichen. In den 20er Jahren wurde die deutsche Literatur nahezu chronologisch ab dem Sturm und Drang ins Chinesische übertragen. Zu den ersten Schriftstellern, die Anfang der 20er Jahre China vorgestellt wurden, gehörten deutsche Klassiker wie Goethe, der durch seinen Roman "Die Leiden des jungen Werther" in der Übersetzung des chinesischen Dichterfürsten Guo Moruo 1922 in China Popularität erreichte. Genauso wie das Werk nach seiner Veröffentlichung sofort Deutschland und ganz Europa fasziniert hatte, erfreute sich auch die Übersetzung in China einer weiten Verbreitung und fand einen besonders großen Leserkreis bei den jungen Leuten, weil die "Leiden" nicht nur wichtige Erlebnisse des jungen Goethe widerspiegelten, sondern auch die Sorgen, den Kummer und die Zukunftserwartungen der deutschen und der chinesischen jungen Generation zum Ausdruck brachten. Die Folge war, daß der Kampf Chinas gegen den Feudalismus und die konfuzianische Sittenlehre und die sich daraus entwickelnde Neue Kulturbewegung sehr gefördert wurden. Auf Guo Moruos Fassung folgten dann in den 30er Jahren noch drei weitere Ausgaben. Um diese Zeit, also 1928, erschien das weltberühmte Drama "Faust" zum ersten Mal im Chinesischen, ebenfalls von Guo Moruo übersetzt, der damals in Japan studierte und sich dem Werk mit seinen knappen Deutschkenntnissen, aber großem Genie, widmete. Nach ihm beschäftigten sich weitere vier Gelehrte mit diesem Werk, was zu einer regelrechten Faust-Blüte führte. Nachher wurden die meisten Schriften aus der Sturm und Drang-Epoche - Klassik - Romantik, die also den Geist der Goethe-Zeit zeigten, bei uns populär, wie zum Beispiel "Clavigo", "Egmont", "Götz von Berlichingen", "Reineke Fuchs", "Stella", "Wilhelm Meisters Lehrjahre" und "Wilhelm Meisters Wanderjahre", um nur einige Beispiele zu nennen. Dabei wollen wir seine Gedichte nicht vergessen, die in Sammlungen gedruckt waren. Neben Johann Wolfgang von Goethe zählten Heinrich Heine, Friedrich Schiller und Gotthold Ephraim Lessing zu den bekanntesten deutschen Schriftstellern für das chinesische Publikum. Auch im Jahre 1928 erschien die erste Übersetzung von Heines "Harzreise", eine Arbeit von Feng Zhi, der großen Autorität unter den chinesischen Germanisten. Ein Jahr später kam eine Gedicht-Ausgabe heraus. "Deutschland, ein Wintermärchen" zählt zu den meistgelesenen Gedichten in den Lehrwerken für den Deutschunterricht unseres Landes. Was Lessing und Schiller anbelangt, so wurden die beiden in demselben Jahre 1925 jeweils mit "Fabel" und "Wilhelm Tell" dem chinesischen Leser vorgestellt. Schon in den 30ger Jahren hatten Schillers Dramen "Wallenstein", "Die Jungfrau von Orleans" und "Kabale und Liebe" großen Einfluß auf China. Und so errang dieser Sturm- und-Drang-Dramatiker unsere große Verehrung. Gleiches gilt auch für Lessing.

In dem Zeitraum von 1925 bis 1932 war der Einfluß eines der bedeutenden Autoren des Naturalismus, Gerhard Hauptmann, bereits zu spüren, da seine Diebeskomödie "Der Biberpelz" und sein Märchendrama "Die versunkene Glocke" sowie sein Prosawerk "Einsame Menschen" ins Chinesische übersetzt wurden. Auch Brüder Grimms "Kinder- und Hausmärchen" erfreuten sich großer Beliebtheit bei den Chinesen, jung und alt, sodaß einige davon wie "Schneewittchen" und "Aschenputtel" in aller Munde waren und sind. Nennenswert sind hier noch zwei Schriftsteller aus der Zeit des Realismus - Theodor Storm und Arthur Schnitzler. Der erste, der sich durch seinen Beitrag zum literarischen Schaffen während des Übergangs von Anfang der Bourgeoisie mit Goethe als Repräsentant bis zu ihrem Untergang mit Thomas Mann als literarischen Vertreter zeigte, lieferte uns einen wertvollen literarischen Schatz, in dem seine mehr als zwanzig Novellen eine bedeutende Rolle spielten. Bereits im Jahre 1921 hatte "Immensee" durch die Übersetzung von Guo Moruo die Aufmerksamkeit des chinesischen Publikums geweckt. Danach erschien das Buch, das von der Liebe, der schönen Natur und der faszinierenden Landschaft handelt, mit zwölf Übersetzungsausgaben und einer der größten Auflagen in China. Selbst der berühmte Schriftsteller Ba Jin brachte eine Ausgabe heraus. Von da an waren Storms "Der Schimmelreiter", "Marthe und ihre Uhr", "Liebe und Gesellschaft" oder "Ein Doppelgänger" nicht mehr fremd in China. Neben Storm nahm auch Schnitzler, der zu den repräsentativen Dichtern Österreichs im ersten Viertel des 20.Jahrhunderts zählte, in Chinas Übersetzungswelt einen wichtigen Platz ein. Seine Werke, die die Endzeitstimmung der gehobenen bürgerlichen Gesellschaft zum Gegenstand wählten, wie "Liebelei", "Reigen", "Fräulein Else" und "Leutnant Gustl" übten eine große Wirkung auf die chinesischen Leser aus.

Ein Blick auf die Übersetzungen in dieser Zeitspanne zeigt, daß die deutschsprachige Literatur von Anfang an schon in der Chronologie Sturm und Drang - Klassik - Romantik - Biedermeier - Realismus - Naturalismus - verlorene und verbürgte Wirklichkeit jeweils mit ihren repräsentativen Dichtern und deren Hauptwerken verhältnismäßig umfassend und systematisch in China aufgenommen worden ist. Außer den angeführten Beispielen sind noch Joseph Freiherr von Eichendorff, E.T.A. Hoffmann, Heinrich von Kleist aus der Romantik, Gottfried Keller, einer der Vertreter des Realismus aus der Schweiz, und die reportagehaften Kriegsbücherschaffenden Ludwig Renn sowie Erich Maria Remarque zu erwähnen. All dies ist mutigen Übersetzern zu verdanken, unter denen es nicht an Schriftstellern von gutem Ruf mangelte. Auch der Vorkämpfer der Neuen Kulturbewegung Lu Xun und seine Frau Xu Guangping nahmen Anteil an dieser Arbeit, wodurch die deutschsprachige Literatur auf chinesischem Boden Fuß gefaßt hat.

2. Von der Gründung der VR China bis zum Beginn der "Kulturrevolution" (1949-1966)

Während dieser Zeit durfte bei der Übertragung nicht im oberflächlichen Sinn von Beeinflussung die Rede sein. Die tieferen Gründe lagen eher in den Wandlungen der politischen Verhältnisse. "Auf der einen Seite stehen" war damals die Staatspolitik Chinas. Als Folge dessen wandelte sich die weltweite Öffnung in alle Richtungen zu regionaler Öffnung in bestimmte Richtungen. Der literarische Einfluß eines Landes auf ein anderes beruhte auf der Ähnlichkeit der Gesellschaftsordnung der betreffenden Länder. Die politische Annäherung der VR China und der DDR nach deren Gründung im Oktober 1949 bestimmte deshalb den engen Kontakt zwischen den beiden Staaten, wodurch der kulturelle Austausch zwischen ihnen in gewissem Grad intensiviert wurde. Infolgedessen genossen die DDR-Autoren bei der Übertragung ihrer Werke absolute Priorität, vor allem diejenigen, die nach dem zweiten Weltkrieg von der Emigration im Ausland heimgekehrt waren und dann an dem demokratischen

Wiederaufbau teilgenommen hatten. Es bestand also kein Zweifel, daß der sozialistische Realismus in den Vordergrund rückte. In grundlegender Auseinandersetzung mit der proletarisch-revolutionären Literatur machten sich die Veteranen der chinesischen Germanisten wie Liao Shangguo, Shang Zhangsun, Zhang Weilian und Ji Xianlin zuerst mit Anna Seghers vertraut, die als Vertreterin der bedeutendsten sozialistischen Schriftsteller Weltruf errungen hatte. Ihre mit dem Kleist-Preis ausgezeichnete Erzählung "Aufstand der Fischer von St. Barbara", ihre Novelle "Der Mann und sein Name", ihre Romane "Das siebte Kreuz" und "Die Toten bleiben jung", die die Höhepunkte deutscher Erzählkunst bildeten und den deutschen Entwicklungsroman zu neuer Höhe führten, wurden auch in China gern gelesen. So gab es beispielsweise für die Erzählung "Der erste Schritt" sogar drei Übersetzungen. Parallel zu Anna Seghers gehörten auch Willi Bredel, Bertolt Brecht und Johannes Becher zu den wichtigsten übersetzten Exilschriftstellern. Als Romanautor machte sich Bredel erst durch die Übersetzung seiner Trilogie "Verwandte und Bekannte" durch Zhang Weilian 1954 - 1958 in China einen Namen, weil er in dieser Romanserie am Schicksal einer Hamburger Arbeiterfamilie den Weg der deutschen Arbeiterklasse in der ersten Hälfte des 20. Jahrhunderts gestaltet und sich dadurch um die Weiterentwicklung der literarischen Darstellung des deutschen Proletariats großen Verdienst erworben hatte. Brecht galt und gilt als marxistischer Dramatiker von Weltruhm. Seine volkstümlichen Stücke "Dreigroschenoper" und "Mutter Courage und ihre Kinder" sowie der Einakter "Die Gewehre der Frau Carrar" erschienen aus mehreren Anlässen auf den chinesischen Bühnen, so daß das Publikum seine parodistisch-provokante Entlarvung der monopolkapitalistischen Gesellschaft, seine eindringliche Warnung vor dem faschistischen Krieg bzw. den Befreiungskampf des spanischen Volkes näher kennenzulernen vermochte. In dem 1959 herausgegebenen Buch "Ausgewählte Werke von Brecht" sind seine Lieder, Gedichte und Chöre enthalten. Wie Brecht ist Becher nach chinesischen Begriffen ein hervorragender marxistischer Lyriker, der sich durch einen Versband und seine dramatische Dichtung "Winterschlacht" auszeichnet. Kurz gesagt, durch die oben als Beispiele genannten Werke hat sich das chinesische Publikum Klarheit darüber verschafft, wie das deutsche Volk gegen den Faschismus kämpfte und wie die damaligen DDR-Bürger den Sozialismus aufbauten. Das bedeutete aber nicht, daß andere Literatur während dieser Zeit außer acht gelassen wurde. Im Gegenteil blieb die deutsche Klassik nach wie vor bei den Deutschinteressenten beliebt durch Neudrucke von Goethe, Schiller, Heine und Lessing in hohen Auflagen. Darüberhinaus machten Heinrich von Kleist mit seinem Drama "Der zerbrochene Krug", Hermann Sudermann mit seinem Roman "Frau Sorge" und die beiden schweizerischen Autoren Gottfried Keller und Friedrich Dürrenmatt einen tiefen Eindruck auf die Chinesen. Hier ist hinzuzufügen, daß auch

Thomas Mann, der größte realistische Schriftsteller des 19. Jahrhunderts, durch seinen Gesellschaftsroman "Buddenbrooks" ein großes Echo fand. Grimms Märchen wurden neu gedruckt, und zwar in zehn Bänden, die den chinesischen Kindern eine wunderbare Märchenwelt eröffnet haben.

3. Von dem Beginn der "Kulturrevolution" bis zu deren Ende (1966 - 1976)

Bekanntermaßen führte die sogenannte "Kulturrevolution" in China letztlich zu einer Katastrophe, von der alle Bereiche schwer betroffen waren. Das Übersetzungswesen bildete da keine Ausnahme. In diesen unruhigen Jahren befand sich die Übertragung fast auf einem Null-Punkt. Außer einigen Wiederholungen von harmlosen Werken wie Storms "Immensee", Grimms Märchen "Schneewittchen", Remarques "Im Westen nichts Neues" sowie Eichendorffs "Aus dem Leben eines Taugenichts" gab es kaum weitere Publikationsmöglichkeiten. In dieser Hinsicht läßt sich doch sagen, daß die "Kulturrevolution" eine Revolution gegen die Kultur im wahrsten Sinne des Wortes darstellt. Zum Leidwesen aller wurde das größte Reich der Welt dadurch wieder gegen die Fremden abgeschirmt.

4. Nach dem Sieg über die Vierer-Bande im Jahre 1976

1976, als die "Kulturrevolution" endlich mit dem Sturz der Vierer-Bande beendet wurde, erwachten die Chinesen, insbesondere die Intellektuellen, aus einem Alptraum. Zwei Jahre später, nachdem die 3. Plenartagung des XI. Zentralkomitees der KPCh einberufen worden war, hielt ein Frühling auf dem Gebiet der Wissenschaft, der Kultur und Literatur Einzug. Nach dem Versagen des "Dogmas" einer einzigen gesellschaftlichen Vorbildvorstellung und eines einzigen literaturtheoretischen Paradigmas forderte das chinesische Volk eine Vorstellungs- und Paradigmenvielfalt. Um die Wißbegier des chinesischen Lesers nach der deutschsprachigen Literatur zu erfüllen, gingen die chinesischen Germanisten voller Freude und Begeisterung ans Werk. Sie verwandelten ihre illegale Übersetzungs- und Forschungsarbeit während der zehnjährigen finsteren Zeit in eine legale, sodaß Anfang der 80er Jahre schon eine Fülle von Übersetzungen vorlag. Es kam zu einer nie dagewesenen Blüte. Man darf wohl sagen, daß die Aktivität und die Fähigkeit jedes Individuums voll zur Geltung gebracht wurde. Die ältere Generation wollte ihre späten Lebensjahre ausnutzen, um das Versäumte nachzuholen, wobei sie ihre ganze Kraft für die Herausgabe neuer Arbeiten einsetzte. Noch wichtiger war, daß ein starker Nachwuchs herangebildet worden ist. Einige trauten sich, die literarischen Vorläufer herauszufordern, indem sie bereits Übersetztes von neuem übersetzten. Zum Beispiel wurde Guo Moruos Übersetzung von Goethes "Leiden" und "Faust" durch zwei bzw. drei Neuausgaben ersetzt. Einige unternahmen doppelte Bemühungen, um bisher noch unbekannte Werke vorzustellen. Beispielsweise wurden 1985 und 1986 hintereinander drei Übersetzungsfassungen von Elias Canettis "Blendung" herausgegeben. Dieser englische Schriftsteller zeichnet sich eben durch dieses von "Weitblick, Ideenreichtum und künstlerischer Kraft" (nach "Laudatio") geprägte Werk aus und erhielt 1981 den Nobelpreis. Wieder andere begaben sich mit viel Mühe an Werke von großem Schwierigkeitsgrad wie "Das Mädchen von Treppi" von Paul Heyse, "Der Steppenwolf" von Hermann Hesse, "Effi Briest" von Theodor Fontane und Werke der Familie Mann - "Bekenntnisse des Hochstaplers Felix Krull", "Zauberberg" von Thomas Mann, "Der Untertan" von Heinrich Mann und "Mephisto" von Klaus Mann. Dazu gehörte noch der Roman "Lebensansichten des Katers Murr ..." von E.T.A. Hoffmann. Dabei wurden noch zwei österreichische Schriftsteller, die früher als "Repräsentanten der bürgerlichen Dekadenz" etikettiert worden waren, dem chinesischen Leser zugänglich gemacht, und zwar Franz Kafka und Stefan Zweig. Ihre meisten Werke standen schon Anfang der 80er Jahre in chinesischen Ausgaben. Der Grund dafür, warum es damals zu einem Kafka-Fieber kam, mochte darin liegen, daß das Schicksal des chinesischen Volkes und dessen Intellektuellen während der verheerenden "Kulturrevolution" Ähnlichkeit mit dem Geschick dieses prophetischen Schriftstellers hatte. In seinen tiefsinnigen Schriften wie "Das Schloß", "Die Verwandlung" und "Der Hungerkünstler", in denen ein Bild des entfremdeten Menschen dargestellt wird und die Auswegslosigkeit die wesentliche Erkenntnis ist, lassen sich auch die seelischen Qualen, die die Chinesen in der ungern erinnerten Zeit durchlitten haben, wiederfinden, sodaß dieser scharfe Denker bei uns sehr gut rezipiert worden ist. Zweig hingegen ist deshalb zu einem Lieblingsdichter geworden, weil seine künstlerische Leistung, die in seiner tiefenpsychologischen Analyse und seiner präzisen Darstellung der scharfen Konflikte der Innenwelt des Menschen Niederschlag findet, dem chinesischen Publikum ein weites Neuland erschlossen hat. An seinen Meisternovellen wie "Brief einer Unbekannten", "Schachnovelle" und "Amok", an seinem Erzählungsband "Sternstunden der Menschheit" und an seinem Roman "Ungeduld des Herzens" ist eine anschauliche Entwicklungsgeschichte der Menschenseele zu erkennen.

Trendfördernd wirkt aber offenbar die Auseinandersetzung mit der Gegenwartsliteratur, die Krieg und Frieden, Trümmer und Wunder zu Hauptthemen gewählt hat.
Nach der Aufnahme der diplomatischen Beziehungen zwischen der VR China und der
BRD und dank der Öffnungspolitik Chinas sind Informationen in einem fort zu uns
geflossen, vor allem aus der Bundesrepublik. So breiteten sich die Übersetzungen
wie ein Steppenbrand aus. Neben einigen dicken Bänden mit ausgewählten Novellen
und Erzählungen sind viele Autoren mit ihren einzelnen Anthologien erschienen, von
denen allerdings Heinrich Böll an der Spitze stand. Dieser große Literaturschaffende
hat in China an aktueller Bedeutung gewonnen, weil er in unseren Augen sehr
sozialkritisch ist und in vielen seiner Werke das tragische Schicksal der kleinen Leute
anschaulich wird, die uns meistens sympathisch vorkommen. Auf die erste
Übersetzung seiner Erzählung "Die verlorene Ehre der Katharina Blum" folgten
hintereinander zwei Sammlungen von Kurzgeschichten und Erzählungen. Außer "Und
sagte kein einziges Wort" und "Ansichten eines Clowns" sind auch sein mit dem
Nobelpreis ausgezeichneter Roman "Gruppenbild mit Dame" und sein letztes
Schaffen "Fürsorgliche Belagerung" im Chinesischen verlegt worden. Neben Böll
waren um diese Zeit Siegfried Lenz ("Deutschstunde"), Martin Walser ("Ehen in
Philippsburg" und "Jenseits der Liebe"), Max Frisch ("Homo faber"), Max von der Grün
("Irrlicht und Feuer" und "Stellenweise Glatteis") usw. zu lesen. Auch die DDR-
Schriftsteller Christa Wolf mit ihren Werken "Der geteilte Himmel" und "Kassandra",
deren Fluchtpunkte die Selbstbestimmung der Frau und der Frieden sind, und Ulrich
Plenzdorf mit seinem nach dem Modell von Goethes "Leiden" geschriebenen Roman
"Die neuen Leiden des jungen W." waren für uns von Interesse. Hierbei sind Günter
Grass, Peter Weiss, Uwe Johnson oder Peter Handke, Ingeborg Bachmann ... nicht
erwähnt. Nicht aber aus dem Grunde, daß sie dem chinesischen Publikum unbekannt
geblieben sind, sondern weil anscheinend ihre Schreibkunst seinem Geschmack nicht
entspricht und von seiner Rezeptionserwartung abweicht. Sie sind dennoch in
literarischen Zeitungen und Zeitschriften gut rezensiert worden.

Nach dem Beginn der 90er Jahre haben sich viele Veränderungen in der Weltpolitik
vollzogen. In einer enger werdenden und sich immer mehr verflechtenden Welt ist
eine Begrenzung der individuellen Freiheiten und die Rückbesinnung auf die eigene
Gesellschaftskultur wohl unvermeidlich. Ein weiterer Aufschwung im
Übersetzungswesen in den 90er Jahren ist nun zu erwarten, aber wir müssen
abwarten, bis die Zeit dazu reif ist.

GUO, Mingqin:

Professorin am Germanistischen Institut der Universität Nanjing, eine der Hauptverfasser von dem "Lexikon der deutschsprachigen Literatur", 1991-1992 als Gastlehrerin am Landesinstitut für Arabische, Chinesische und Japanische Sprache Nordrhein Westfalen beschäftigt.

CAI, Hongjun (Universität Frankfurt am Main)

"WELTLITERATUR" UND CHINESISCHE ÜBERSETZUNGEN DEUTSCHSPRACHIGER LITERATUR

In der Volksrepublik China sind Zeitschriften als regelmäßig oder unregelmäßig erscheinende Publikationen neben Büchern   der zweite wichtige Kanal für die Verbreitungen von ausländischer Literatur.

Im Juli 1953 wurde die Zeitschrift *"ÜBERSETZUNG"*, die sich auf Übersetzungen und Rezensionen ausländischer Literatur spezialisierte, vom Chinesischen Schriftstellerverband in Peking ins Leben gerufen. Diese Zeitschrift ließ sich auf eine gleichnamige Zeitschrift in den dreißiger Jahren zurückführen, deren Chefredakteur der wichtigste chinesische Schriftsteller Lu Xun war. Sie war die einzige Zeitschrift für die Übersetzungen ausländischer Literatur bis zu ihrem Verbot im Jahre 1965 zu Beginn der Kulturrevolution (1966-1976) und hatte in ihrer Blütezeit eine Auflage von 300,000 Exemplaren. *"ÜBERSETZUNG"* erschien monatlich und nahm von Nr.1/1959 ab den neuen Titel *"WELTLITERATUR"* an.

In diesem Zeitraum wurden dem chinesischen Publikum durch *"WELTLITERATUR"* mehr als vierzig deutschsprachige Schriftsteller vorgestellt, darunter vorwiegend die klassischen und sozialkritischen Schriftsteller sowie die neuen Autoren der Deutschen Demokratischen Republik.

Schiller, Goethe und Heine nahmen einen besonderen Platz ein. Weil man im Jahre 1955 den 150. Todestag von Schiller und im Jahre 1956 den 100. Todestag von Heine feierte, erschienen in Nr.5/1955 eine achtzigseitige Auswahl von Schiller, die aus einem Auszug des Theaterstücks *WILHELM TELL* (Chinesisch von Qian Chunyi), drei Gedichten (Chinesisch von Miao Linzhu) und drei Korrespondenzen zwischen Schiller und Goethe bestand, und in Nr.2/1956 eine fünfzigseitige Auswahl von Heine, u.a.

zwölf Gedichte (Chinesisch von Feng Zhi), ENGLISCHE FRAGMENTE (Chinesisch von Jiang Xia), vier Korrespondenzen zwischen Karl Marx und Heine (Chinesisch von Zhang Peifen). Zum Andenken an Schillers 200. Geburtstag veröffentlichte "WELTLITERATUR" in Nr.11/1959 die erste chinesische Übersetzung seines Gedichtes DIE KRANICHE DES IBYKUS von Ye Fengzhi. Goethe war schon in den zwanziger und dreißiger Jahren durch viele chinesische Übertragungen seiner Werke wie DIE LEIDEN DES JUNGEN WERTHERS, FAUST, EGMONT, CLAVIGO und zahlreiche Gedichte in China bekannt. Im Jahre 1957 wurde der 125. Todestag von Goethe in China gefeiert und erschienen in Nr.3/1957 ein Kapitel aus WILHELM MEISTERS LEHRJAHRE und zwei Gedichte von ihm (Chinesisch von Feng Zhi). GESPRÄCHE MIT GOETHE von Eckermann gehört zu den wichtigsten Dokumenten der Goethe-Forschung. Dieses Buch wurde zuerst in Nr.7/1959 (Chinesisch von Zhu Guangqian) und dann in Nr.11/1963 (Chinesisch von Zhang Yushu) jeweils durch einige Auszüge den chinesischen Lesern vorgestellt.

Lessing wurde auch ins Chinesische übersetzt: Auszüge aus LAOKOON ODER ÜBER DIE GRENZEN DER MALEREI UND POESIE in Nr.12/1960 (Chinesisch von Zhu Guangqian), Auszüge aus HAMBURGISCHE DRAMATURGIE in Nr.10/1961 (Chinesisch von Yang Yezhi) und acht Fabeln in Nr.3/1962 (Chinesisch von Jin Ni). Außerdem haben die chinesischen Leser in "WELTLITERATUR" auch ROMEO UND JULIE AUF DEM DORFE und DIE DREI GERECHTEN KAMMACHER von Gottfried Keller (Nr.6/1955 und Nr.8-9/1961, Chinesisch von Tian Dewang), Anekdoten von Kleist (Nr.11/1961, Chinesisch von Shang Lin), PETER SCHLEMIHLS WUNDERSAME GESCHICHTE von Adalbert von Chamisso (Nr.7/1958, Chinesisch von Bai Yong), sieben Gedichte und einen Auszug aus HUMORISTISCHE SKIZZE AUS DEM DEUTSCHEN HANDELSLEBEN von Georg Weerth (Nr.8/1856, Chinesisch von Qiu Congren, Fu Wei und Cheng Quan), DER ARME SPIELMANN von Franz Grillparzer (Nr.12/1962, Chinesisch von Fu Weici), PLAUTUS IM NONNENKLOSTER von C. F. Meyer (Nr.2/1963, Chinesisch von Yang Wuneng), EIN GRÜNES BLATT von Theodor Storm (Nr.3/1964, Chinesisch von Yang Wuneng), GRETCHEN von Heinrich Mann (Nr.1-2/1962, Chinesisch von Jin Ni) und einige Auszüge aus dem Roman BUDDENBROOKS von Thomas Mann (Nr.5 und 6/1961, Chinesisch von Fu Weici) gelesen.

Stefan Zweig gehört zu den in China beliebtesten deutschsprachigen Schriftstellern und wurde zuerst durch "WELTLITERATUR" den chinesischen Lesern empfohlen:

VIERUNDZWANZIG STUNDEN AUS DEM LEBEN EINER FRAU in Nr.9/1957 (Chinesisch von Ji Kun), *DIE UNSICHTBARE SAMMLUNG* und *DIE GOUVERNANTE* in Nr.3/1963 (Chinesisch von Jin Yan und Mo Mo).

In den fünfziger Jahren erhielten China und die DDR gute Beziehungen aufrecht. Viele Schriftsteller aus der DDR besuchten China, und ihre Werke wurden in *"WELTLITERATUR"* veröffentlicht, wie Stephan Hermlin (*DER FLUG DER TAUBE* in Nr.4/1953, Chinesisch von Huang Xianjun), Bodo Uhse (*DIE BRÜCKE* in Nr.6/1955, Chinesisch von Zhu Baoguang, *TAGEBUCH AUS CHINA* in Nr.9/1959, Chinesisch von Yao Baocong). *"WELTLITERATUR"* hat in Nr.7/1955 Bertolt Brechts sieben Gedichte (Chinesisch von Feng Zhi) veröffentlicht. Das war die erste chinesische Übertragung von Bertolt Brecht. Danach erschienen noch zwei Theaterstücke von ihm in *"WELTLITERATUR"*, nämlich *DIE GEWEHRE DER FRAU CARRAR* in Nr.10/1957, Chinesisch von Yao Kekun und *DER KAUKASISCHE KREIDEKREIS* in Nr.7-8/1962, Chinesisch von Zhang Li. Johannes Robert Becher wurde auch von den chinesischen Übersetzern bevorzugt, und dreimal in *"WELTLITERATUR"* veröffentlicht: vier Gedichte in Nr.10/1955, Chinesisch von Liao Shangguo, drei Gedichte in Nr.10/1959, Chinesisch von Fu Wei, Becher über das Gedicht in Nr.1-2/1962, Chinesisch von Peng Zhi. Außer den oben erwähnten Autoren sind auch fast alle wichtigen Schriftsteller der DDR der Nachkriegszeit in *"WELTLITERATUR"* vertreten. Man konnte Jurij Brězans Erzählungen *WIE DIE ALTE JANTSCHOWA MIT DER OBRIGKEIT KÄMPFTE* (Nr.3/1955, Chinesisch von Ji Kun) und *EINE NACHT IM WALD* (Nr.10/1955, Chinesisch von Ji Kun), Willi Bredels Erzählung *DAS SCHWEIGENDE DORF* (Nr.9/1954, Chinesisch von Zhang Weilian), Friedrich Wolfs Drama *BÜRGERMEISTER ANNA* (Nr.11 und 12/1954, Chinesisch von Huang Xianjun), Erich Weinerts Gedichte (Nr.11/1956, Chinesisch von Liao Shangguo), Anna Seghers' Erzählung *DER AUSFLUG DER TOTEN MÄDCHEN* (Nr.5/1957, Chinesisch von Zhang Peifen), Lion Feuchtwangers Erzählung *DAS HAUS AM GRÜNEN WEG* (Nr.3/1958, Chinesisch von Han Shizhong), Stefan Heyms Erzählung *FREIE WIRTSCHAFT* (Nr.3/1958, Chinesisch von Gao Niansheng und Guo Dingsheng), Franz Fühmanns Erzählung *KAMERADEN* (Nr.6/1959, Chinesisch von Gao Niansheng), Erwin Strittmatters Prosastücke (Nr.10/1959), Harald Hausers Drama *WEISSES BLUT* (Nr.10 und 11/1959, Chinesisch von Ye Fengzhi) lesen.

Obwohl fast keine größeren Werke der gegenwärtigen Schriftsteller aus der BRD, Schweiz und Österreich in diesem Zeitraum ins Chinesische übersetzt wurden, haben die chinesischen Leser in *"WELTLITERATUR"* zum erstenmal Heinrich Böll (*DIE WAAGE DER BALEKS* und *DIE POSTKARTE* in Nr.10/1956, Chinesisch von Xiao Yang, *DER MANN MIT DEN MESSERN* in Nr.9/1960, Chinesisch von Ru Long), Günther Weisenborn (Auszüge aus *MEMORIAL* und ein Vorwort des Autors in Nr.6/1957, Chinesisch von Jiang Xia, *JANGTSEKIANG* in Nr.9/1959, Chinesisch von Du Wentang) und Friedrich Dürrenmatt (*DIE PANNE* in Nr.9/1962, Chinesisch von Shu Si) gelesen.

Die im Jahre 1966 beginnende Kulturrevolution war in der Geschichte Chinas eine große Katastrophe. Die chinesischen Intellektuellen mußten aufs Land gehen, wo sie von den Bauern nochmals "erzogen" werden sollten, indem sie dort lebten und schufteten. Ausländische Literatur wurde als "Giftkraut" abgestempelt und scharf kritisiert. Zahlreiche Bücher wurden verbrannt. Viele Zeitschriften wurden eingestellt, darunter auch *"WELTLITERATUR"*. In den etwa zehn Jahren danach erschien kein einziges Werk der ausländischen Schriftsteller in ganz China.

Der Sturz der "Viererbande"[1] im Oktober 1976 kennzeichnete das Ende der Kulturrevolution. Die großen Veränderungen, die sich seitdem im Zuge der Öffnung nach außen in China vollzogen, haben eine Blütezeit für die Übersetzung der ausländischen Literatur mit sich gebracht. Eine ganze Reihe von Werken der deutschen Literatur sind in chinesischer Sprache erschienen und gleichzeitig auch eine Reihe von Zeitschriften, in denen hauptsächlich Übersetzungen und Artikel über ausländische Literatur veröffentlicht werden, ins Leben gerufen worden. Einige bedeutende Zeitschriften sind hier zu erwähnen: *"AUSLÄNDISCHE LITERATUR UND KUNST"* (zweimonatlich, Übersetzungsverlag Shanghai), *"AUSLÄNDISCHE LITERATUR"* (monatlich, Fremdsprachenhochschule Peking), *"AUSLÄNDISCHE GEGENWARTSLITERATUR"* (dreimonatlich, Nanking-Universität), *"LITERATUR IM AUSLAND"* (dreimonatlich, Peking-Universität), *"VIERTELJAHRESSCHRIFT FÜR AUSLÄNDISCHE LITERATUR"* (Volksliteraturverlag, Peking), *"WALD DER ÜBERSETZUNGEN"* (dreimonatlich, Jiang Su Volksverlag, Nanking), *"AUSLÄNDISCHE ERZÄHLUNGEN"* (monatlich, Verband der Literaten- und Künstlerkreise Haerbin), *"FRÜHLINGSWIND"* (dreimonatlich, Frühlingswind Verlag, Shenyang), *"MEER DER ÜBERSETZUNGEN"* (dreimonatlich, Blumen-Stadt Verlag, Guangzhou).

---

[1] Nämlich Jiang Qing, Wang Hongwen, Zhang Chunqiao, Yao Wenyuan.

"WELTLITERATUR" durfte schon im Jahre 1977 wiedererscheinen und erscheint seitdem zweimonatlich in größerem Umfang. Obwohl noch einige klassische Schriftsteller in *"WELTLITERATUR"* veröffentlicht wurden, z.B. Georg Weerth (Fünf Gedichte in Nr.2/1977, Chinesisch von Shi Sheng und Ning Ying), Lessing (Auszüge aus *HAMBURGISCHE DRAMATURGIE* in Nr.1/1978, Chinesisch von Zhang Li), Thomas Mann (*MARIO UND DER ZAUBERER* in Nr.4/1978, Chinesisch von Hu Qiding), Heine (Vier Gedichte in Nr.2/1979, Chinesisch von He Qifang), Theodor Storm (*EIN DOPPELGÄNGER* in Nr.5/1979, Chinesisch von Yang Wuneng), Lion Feuchtwanger (Auszüge aus dem Roman *DER FALSCHE NERO* in Nr.5/1980, Chinesisch von Cheng Yuanzhang), Eduard Mörike (*MORZAT AUF DER REISE NACH PRAG* in Nr.5/1981, Chinesisch von Yan Baoyu), Goethe (Zwölf Gedichte mit Erläuterungen in Nr.2/1982, Chinesisch von Feng Zhi), hat die Zeitschrift ihren Schwerpunkt verlagert auf die deutsche Literatur nach 1945 und diejenigen Schriftsteller, die im Ausland hochgeschätzt aber in China noch ganz fremd waren, u.a. Franz Kafka und Hermann Hesse.

Franz Kafka wurde dem chinesischen Publikum zum erstenmal mit seiner Erzählung *DIE VERWANDLUNG* in Nr.1/1979, Chinesisch von Li Wenjun, vorgestellt. In derselben Nummer stand noch ein Aufsatz mit dem Titel *KAFKA UND SEIN WERK* von Ding Fang und Shi Wen. Dadurch ist eine große Begeisterung für Kafka in intellektuellen Kreisen Chinas entfacht worden. Danach veröffentlichte *"WELTLITERATUR"* noch Kafkas *BRIEF AN DEN VATER* (Nr.2/1981, Chinesisch von Zhang Rongchang) und *BRIEFE AN MILENA* (Nr.6/1989, Chinesisch von Ye Tingfang und Li Qi).

Hermann Hesse wurde auch ein größerer Umfang gewidmet. In Nr.1/1982 und Nr.6/1985 erschienen seine fünf Prosastücke (Chinesisch von Zhang Peifen, Lin Jia und Lou Zhan). Im Jahre 1990 haben *"WELTLITERATUR"* und Goethe-Institut in Peking zusammen einen Übersetzungsworkshop veranstaltet, der sich die Ausbildung der Nachwuchskräfte für chinesisch-deutsche Literaturübersetzung zum Ziel setzte. Daran nahmen zehn junge Übersetzerinnen und Übersetzer unter dreißig Jahren teil, die durch eine Ausschreibung Hesses *WELTVERBESSERER* oder *EIN STÜCKCHEN THEOLOGIE* oder *IRIS* ins Chinesische übersetzt haben und durch eine fünfköpfige Jury ausgewählt worden sind. Im Workshop hat man über Theorie und allgemeine Probleme der Literaturübersetzung diskutiert und über Hesses Stil und

Sprachbesonderheiten gesprochen. Alle Übersetzungen wurden von den älteren Übersetzern sprachlich und stilistisch verbessert, drei darunter erschienen dann in Nr.5/1990 (je eine Übersetzung von *WELTVERBESSERER*, *EIN STÜCKCHEN THEOLOGIE* und *IRIS*, Chinesisch von Liu Huaxin, Meng Duosi und Wang Wei).

Seit dem Wiedererscheinen hat die deutsche Literatur nach 1945 einen wichtigen Platz in *"WELTLITERATUR"* eingenommen. Heinrich Böll wurde als der berühmteste Schriftsteller und der erste Nobelpreisträger für Literatur der Bundesrepublik Deutschland den chinesischen Lesern vorgestellt. Die Übersetzungen von seinen Werken standen innerhalb elf Jahre fünfmal in *"WELTLITERATUR"*, nämlich *BILANZ* in Nr.2/1978 (Chinesisch von Zhang Rongchang), *UND SAGTE KEIN EINZIGES WORT* in Nr.5/1982 (Chinesisch von Tian Yu), Auszüge aus *FRAUEN VOR FLUSSLANDSCHAFT* in Nr.1/1986 (Chinesisch von Ni Chengen), vier Essays in Nr.4/1986 und 2/1989 (Chinesisch von Han Yaocheng und Lin Weizhong). Das war eine Seltenheit in der Geschichte dieser Zeitschrift. Wegen vieler allgemein bekannter Gründe war bis Ende der siebziger Jahre die gegenwärtige Literatur der BRD, Schweiz und Österreichs mit einigen Ausnahmen in China noch fast ganz fremd. In Nr.3/1980 standen sechs kurze Erzählungen von sechs Autoren unserer Zeit, damit die chinesischen Leser einen Einblick in die neueste Literatur der BRD bekommen konnten. Sie waren *DIE TAT* von Wolfdietrich Schnurre, *DIE LINKSHÄNDER* von Günter Grass, *CHRISTINE* von Marie Luise Kaschnitz, *BERICHT ÜBER HATINDUN* von Walter Jens, *DAS GEFECHT AN DER KATZBACH* von Hans Werner Richter und *DAS STENOGRAMM* von Max von der Grün, und zwar alle zum erstenmal ins Chinesische übersetzt.

Zu den ersten deutschen Schriftstellern, die nach der Kulturrevolution sofort ins Chinesische übersetzt wurden, gehörten auch Siegfried Lenz und Günter Eich, der erstere mit der Erzählung *DAS FEUERSCHIFF* in Nr.5/1979 (Chinesisch von Ni Chengen) und der letztere mit einer Auswahl in Nr.2/1983 (*DER STELZENGÄNGER*, *TRÄUME* und zwei Gedichte, Chinesisch von Qiu Mingde) vertreten sind. Außerdem haben Lenz' Erzählungen *DAS SERBISCHE MÄDCHEN* und *DER MANN UNSERES VERTRAUENS* kurz nach der Herausgabe in Deutschland ihren chinesischen Übersetzer Zhao Peishen gefunden, dessen Übersetzungen später in Nr.4/1989 erschienen.

Im Jahre 1981 hat Elias Canetti den Nobelpreis für Literatur bekommen und sofort die Aufmerksamkeit der chinesischen Germanisten erregt. *"WELTLITERATUR"* hat in Nr.3/1983 eine Sonderausgabe über Elias Canetti herausgegeben, die aus einem Auszug des Romans *DIE BLENDUNG* (Chinesisch von Xue Zhi), *MEIN ERSTES BUCH: DIE BLENDUNG* (Chinesisch von Li Shixun), einer kurzen Biographie des Autors und einem Aufsatz über Canettis Leben und Werk von Ning Ying bestand.

Das Buch *GANZ UNTEN* von Günter Wallraff erregte im Oktober 1985 großes Aufsehen in der Bundesrepublik und fand etwa anderthalb Jahre später seine chinesische Übersetzung in Nr.3/1987 (Chinesisch von Ni Chengen). Günter Wallraffs Verfahren, wie er Recherchen für sein Buch angestellt hat, gab den chinesischen Schriftstellern viele Anregungen. Su Xiaokang bewunderte den Mut seines deutschen Kollegen, sich als einen türkischen Gastarbeiter zu verkleiden und zu recherchieren. Jia Lusheng hat sich sogar als Bettler verkleidet und sich in die Banden der Bettler eingeschlichen. Nach dem monatelangen Zusammenleben mit den Bettlern hat er seine Reportage mit dem Titel *BERICHT ÜBER HERUMZIEHEN MIT DEN BETTLERBANDEN* im Jahre 1988 veröffentlicht. In Nr.6/1989 erschien noch einmal Günter Wallraff: ein Auszug aus seinem Buch *DER AUFMACHER* (Chinesisch von Dai Shifeng und Gui Qianyuan).

Obwohl Günter Grass im Jahre 1979 China besuchte und im Kreise der chinesischen Schriftsteller und Germanisten sehr hoch geschätzt war, wurde er im Vergleich zu seinen Kollegen von den chinesischen Übersetzern vernachlässigt. Bis 1987 erschienen in ganz China nur ein achtzehnseitiger Auszug aus dem Roman *DER BUTT* (*"AUSLÄNDISCHE LITERATUR UND KUNST"* Nr.1/1980, Chinesisch von Pan Zaiping), *DIE LINKSHÄNDER* (*"WELTLITERATUR"* Nr.3/1980, Chinesisch von Hu Qiding) und einige Gedichte. Seine schwer ins Chinesische zu übersetzende Sprache und Beschreibungen über Sex sind zwei wichtige Gründe. Dank der lockeren Kulturpolitik damals hat *"WELTLITERATUR"* im Jahre 1987 eine Sonderausgabe über Günter Grass zusammengestellt, die *KATZ UND MAUS* (Chinesisch von Cai Hongjun und Shi Yanzhi), Günter Grass über Literatur (Chinesisch von Zhang Jiajue und Jiao Zhongping), E. Rudolphs Interview mit Grass Grass (Chinesisch von Cheng Aizhen), Grass' kurze Biographie (von Jiang Ying) und einen Aufsatz mit dem Titel *VERSUCH ÜBER G. GRASS' DANZIGER TRILOGIE* von Ye Tingfang enthielt. Durch freundliche Übermittlung vom Herrn Hennig Rischbieter ist ein Brief aus der Redaktion *"WELTLITERATUR"* in die Hände des Autors gelangt. Günter Grass freute sich sehr, daß chinesische Leser bald auch seine Novelle *KATZ UND MAUS* lesen konnten, und schrieb am 18. Juni 1987 aus Berlin einen kurzen Brief an die Leser der *"WELTLITERATUR"*. Dieser Brief wurde von Cai Hongjun ins Chinesische übersetzt und stand als Vorwort der Sonderausgabe in Nr.6/1987.

Im Jahre 1990 hat *"WELTLITERATUR"* Martin Walser eine Sonderausgabe gewidmet. Sie bestand aus der Novelle *EIN FLIEHENDES PFERD* (Chinesisch von Zheng Huahan und Li Liuming), dem Drama *EICHE UND ANGORA* (Chinesisch von Ai Wen), sieben Gedichten (Chinesisch von Shi Yiliu), einer Kurzbiographie Walsers (von Zheng Huahan) und einem Gespräch zwischen dem Autor und seinen beiden Übersetzern. Diese Ausgabe (Nr.3/1990) wurde vom Suhrkamp Verlag in Frankfurt am Main freundlich genehmigt und von einem Brief des Autors mit dem Titel *AN LESER IN CHINA* eingeleitet.

Im Vergleich zu den fünfziger Jahren ist die Literatur aus der DDR in den achtziger Jahren nur sehr wenig ins Chinesische übersetzt worden und war nur dreimal in *"WELTLITERATUR"* vertreten: eine Auswahl der Erzählungen in Nr.1/1983, nämlich *DER DRITTE NAGEL* von Hermann Kant (Chinesisch von Shu Changshan), *DAS SCHILFROHR* von Anna Seghers, *NEUN* von Klaus Schlesinger und *DER EDELE AUFTRAG* von Stefan Heym (Chinesisch von Gao Zhonfu), Auszüge aus *KASSANDRA* von Christa Wolf in Nr.1/1985 (Chinesisch von Bao Zhixing) und Auszüge aus *ABENDLICHT* von Stephan Hermlin in Nr.6/1988 (Chinesisch von Zhang Li).

Dagegen erlangte die österreichische Literatur besondere Gunst bei der Zeitschrift *"WELTLITERATUR"*, die in den zehn Jahren zwischen 1978 und 1988 ihren Lesern mehr als zwanzig österreichische Schriftsteller empfohlen hat. Unter ihnen war noch immer Stefan Zweig bei den chinesischen Lesern am beliebtesten und stand in drei Nummern. *SCHACHNOVELLE* in Nr.1/1978 war die erste chinesische Übersetzung dieses glänzenden Werkes (Chinesisch von Ye Fanglai). Neben Adalbert Stifters Novelle *BERGKRISTALL* (Nr.4/1983, Chinesisch von Wang Yingqi), Joseph Roths Erzählung *DIE LEGEND VOM HEILIGEN TRINKER* (Nr.5/1984, Chinesisch von Ma Wentao) und Rainer Maria Rilkes Gedichten (Nr.6/1988, Chinesisch von Yang Wuneng) konnte man auch in *"WELTLITERATUR"* eine Gedichtauswahl von zehn gegenwärtigen Dichtern (Ingeborg Bachmann, Ilse Brem, Paul Celan, Erich Fried, Gertrud Fussenegger, Peter Henisch, Rudolf Henz, Walther Nowotny, Andreas

Okopenko und Thomals Sessler in Nr.6/1981, Chinesisch von Lu Yuan) und acht Erzählungen nach 1945 lesen. Diese waren Ingeborg Bachmanns ALLES (Chinesisch von Zhao Xia), Herbert Eisenreichs EIN FREUND DER FAMILIE (Chinesisch von Yang Shouguo), Heimito von Doderers DIE PEINIGUNG DER LEDERBEUTELCHEN (Chinesisch von Shi Jun), Gertrud Fusseneggers DER NIKOLAUS (Chinesisch von Cai Hongjun), Marlen Haushofers SCHRECKLICHE TREUE (Chinesisch von Cheng Zhixi), Ilse Aichingers SPIEGELGESCHICHTE (Chinesisch von Zhao Xiesheng), Peter Handkes ÜBER DEN TOD EINES FREMDEN (Chinesisch von Shi Yanzhi) und Ernst Nowaks HASENJAGD (Chinesisch von Jin Tao). Die ersten beiden standen in Nr.6/1980 und die anderen in Nr.1/1988. Übrigens wurde Cai Hongjun 1990 für seine Übersetzung von Gertrud Fusseneggers Erzählung DER NIKOLAUS mit dem Regenbogen-Übersetzungspreis (Zweiter Platz) des Chinesischen Schriftstellerverbandes ausgezeichnet.

"WELTLITERATUR" hat vor, im Jahre 1992 eine Sonderausgabe über Max Frisch herauszugeben, in der BLAUBART und DIE CHINESISCHE MAUER erscheinen werden. Eigentlich war Frisch den Lesern der "WELTLITERATUR" längst nicht mehr fremd. In Nr.4/1982 und Nr.5/1988 erschienen GESCHICHTE VON ISIDOR und EINE MULATTIN NAMENS FLORENCE aus seinem Roman STILLER (Chinesisch von Li Qi) und ein Auszug aus seinem TAGEBUCH 1946-1949 (Chinesisch von Ma Wentao). Außerdem stand in der Buchkollektion Nr.7 (März 1982) der "WELTLITERATUR" die chinesische Übersetzung seines Lehrstücks BIEDERMANN UND DIE BRANDSTIFTER (Chinesisch von Ma Wentao). Friedrich Dürrenmatt ist in China als deutschsprachiger Schriftsteller aus der Schweiz noch bekannter als Frisch. Seine Kriminalgeschichte DER RICHTER UND SEIN HENKER erschien schon in Nr.1/1978 (Chinesisch von Zhang Peifen) und erlebte danach als Einzelausgabe des Qunzhong-Verlags in Peking eine Auflage von über 150,000 Exemplaren.

Bisher hat "WELTLITERATUR" mehr als hundert deutschsprachige Schriftsteller veröffentlicht. Viele von ihnen wurden zum erstenmal in dieser Zeitschrift durch eine Erzählung, einige Gedichte oder einen Auszug aus ihren Romanen den chinesischen Lesern vorgestellt, dann - wahrscheinlich nach einigen Jahren - waren chinesische Übersetzungen ihrer vollständigen Werke oder Sammlungen als Einzelausgaben in Buchhandlungen erhältlich. In den letzten fünfzehn Jahren, wo auch viele andere gleichartige Zeitschriften erschienen, wurde "WELTLITERATUR" immer als die führende Zeitschrift unter seinesgleichen anerkannt. Obwohl diese Zeitschrift seit

Jahren nur eine Auflage von einigen tausend Exemplaren hat, ist sie immer bei den chinesischen Schriftstellern, Literaturkritikern und Hochschullehrern für ausländische Literatur beliebt.

Seit 1964 untersteht *"WELTLITERATUR"* dem Institut für ausländische Literatur der Chinesischen Geisteswissenschaften in Peking und kann auch immer die Hilfe der anderen Germanisten des Instituts und dessen reiche Büchersammlung deutscher Literatur in Anspruch nehmen. *"WELTLITERATUR"* wird in der Zukunft weiter eine wichtige Rolle für die Verbreitung deutschsprachiger Literatur in China spielen.

CAI, Hongjun:
Studium der Germanistik an der Fremdsprachenhochschule Shanghai. Seit 1987 Dozent am Institut für ausländische Literatur der Chinesischen Akademie für Geisteswissenschaften und Redakteur bei der *"WELTLITERATUR"*. Zur Zeit Promotionsstudium an der Johann Wolfgang Goethe-Universität Frankfurt am Main.

LI, Shixun (Universität Bochum)

ELIAS CANETTI IN CHINA

I. Zur Rezeptionsgeschichte des Romans "Die Blendung" in China

Erst nachdem Elias Canetti 1981 den Nobelpreis für Literatur erhalten hatte, wurde sein Werk auch in China beachtet. Die Zeitschrift "Nachrichten der Fremdliteratur" veröffentlichte im Januar 1982 zunächst einen Artikel von mir mit dem Titel "Elias Canetti und sein Roman 'Die Blendung'". Nach Beendigung unseres Studiums an der chinesischen Akademie für Sozialwissenschaften beschlossen meine Studienfreunde Zhang Guofeng, Shu Changshan und ich, diesen Roman zu übersetzen und nachdem wir den zuständigen Lektor des Verlags für Fremdliteratur, Herrn Hu Qiding, kontaktiert hatten, wurde das Buch in den Veröffentlichungsplan seines Verlags eingetragen.

Der Prozeß der Übersetzung erfolgte in verschiedenen Stufen. Zuerst übersetzte jeder von uns einen Teil des Romans. Zhang Guofeng verglich dann die gesamte Übersetzung mit dem Originaltext und schließlich war ich verantwortlich für den einheitlichen chinesischen Text. Nach mehr als zwei Jahren Arbeit der Übersetzung, Berichtigung und Vereinheitlichung des Textes konnte ich zusammen mit Zhang Guofeng das Vorwort schreiben und im Herbst 1984 das Manuskript dem Verlag übergeben.

Sobald dessen Lektor Hu Qiding das Manuskript der Übersetzung gelesen hatte, gestaltete der Maler Qin Long die Illustrationen und den Umschlag. Danach wurde das Manuskript in Druck gegeben und am 6. April 1986 erhielten wir drei Musterexemplare der "Blendung" auf chinesisch.

Als ich am 9. April nach Bonn flog, hatten wir beschlossen, außer dem Exemplar, das ich behalten sollte, je ein Exemplar mit unserer Widmung dem Autor Elias Canetti und dem chinesischen Botschafter Guo Fengmin zu schenken.

Die erste Auflage der chinesischen Übersetzung der "Blendung" (430,000 Schriftzeichen) erfolgte mit 13,000 Exemplaren, die in kurzer Zeit vergriffen waren.

Noch vor Erscheinen dieser übersetzung wurde "Die Blendung" in China schon im Jahr 1983 teilweise gelesen. Die Zeitschrift "Weltliteratur" veröffentlichte im Juni jenes Jahres vier Kapitel unserer Übersetzung: "Spaziergang", "Befriedigung", "Guter Vater" und "Der rote Hahn". Daneben gab es noch eine Übersetzung des Essays von Canetti "Mein erstes Buch: Die Blendung", eine Rezension von Ning Ying "Über die Blendung" sowie eine Illustration von Gu Gan und eine Kurz-Biographie Canettis von mir.

Nachdem "Die Blendung" erschienen war, fand das Buch zunächst besonders im Kreis der Schriftsteller große Resonanz. Der stellvertretende Vorsitzende des Schriftstellerverbandes Yan Wenjing schätzte es sehr und riet jüngeren Schriftstellern, "Die Blendung" unbedingt zu lesen, "wenn ihr richtige Schriftsteller werden möchtet." Schriftsteller und Schriftstellerinnen wie Li Tuo, Zhang Xinxin, Wang Anyi und Zhang Jie bewunderten vor allem die subtile Beobachtung der Gesellschaft im Roman sowie Canettis Schreibtechnik.

Fast gleichzeitig zu unserer Übersetzung gab es in China noch zwei weitere Übersetzungen der "Blendung": 1985 von Wang Ning (Nanking-Universität; Verlag des Volkes, Hunan) und 1986 von Qian Wencai (I.Fremdsprachenhochschule, Beijing; Lijiang-Verlag).

Für die große Resonanz, die "Die Blendung" in China fand, lassen sich hauptsächlich vier Gründe angeben:

1. "Die Blendung" ist die Tragödie eines Intellektuellen und beschreibt den Konflikt zwischen Geist und Materie, Zivilisation und Barbarei, der die chinesische Intelligenz an ihre zehn Jahre währende Katastrophe erinnerte.

Der Sinologe Peter Kien wird von seiner dummen und gierigen Haushälterin Therese kontrolliert, geschlagen und aus dem Haus geworfen. Er fällt in die Hände des Schufts Fischerle und eines barbarischen pensionierten Polizisten. Schließlich wird er wahnsinnig und setzt sich inmitten seiner Bibliothek selbst in Brand.

Der Roman spiegelt zwar die Situation der Wiener Gesellschaft Ende der 20er Jahre wider, läßt sich aber als allgemeingültige Aussage über den Konflikt zwischen Geist und Materie, Imagination und Realität lesen, den Canetti in einer Aufzeichnung aus dem Jahr 1942 so formuliert: "Jeder Dummkopf kann den kompliziertesten Geist, wann immer er Lust hat, verstören." (Die Provinz des Menschen, S. 25)

Ähnliche Erfahrungen mußten auch die chinesischen Intellektuellen in den 60er Jahren machen, als fast alle Dichter, Schriftsteller, Gelehrten und wissenschaftliche Autoritäten als Teufel verurteilt wurden und nahezu die gesamte Literatur, ob chinesisch oder ausländisch, klassisch oder modern, als Gift des Feudalismus, Kapitalismus und Revisionismus betrachtet wurde.

Diese Katastrophe für die chinesische Intelligenz überstieg in Ausmaß und Wirkung sogar noch die Bücherverbrennung und die Unterdrückung des Konfuzianismus durch den Ersten Kaiser Chinas Qin Shi Huangdi. Viele Schriftsteller und hervorragende Gelehrte wurden nicht nur vertrieben, geschlagen und beleidigt, sondern sogar zum Selbstmord gezwungen!

Die Kulturrevolution und ihr Ende in den 70er Jahren waren die geistige Grundlage für die Rezeption der "Blendung" in China, die den Lesern somit nicht als fremdes, sondern als wunderbares und bekanntes Buch erschien.

2. Mit dem Ende der Kulturrevolution war zugleich eine Politik der Öffnung verbunden, die nach mehr als zehn Jahren der geistigen Isolation großes Interesse für die verschiedenen Schulen der Moderne des Westens wie Impressionismus, Expressionismus, Strukturalismus und Psychoanalyse etc. zeigte.

Zahlreiche Übersetzungen ausländischer Literatur und Theorien erschienen. Erst damit wurde auch eine Übesetzung der "Blendung" ins Chinesische möglich.

3. Der wichtigste Grund für die große Resonanz der "Blendung" in China war jedoch ohne Zweifel die künstlerische Faszination des Werkes selbst. Die Laudatio zur Preisverleihung 1981 spricht Canetti den Nobelpreis "für ein schriftstellerisches Werk, geprägt von Weitblick, Ideenreichtum und künstlerischer Kraft" zu.

Auch in Kindlers Literatur-Lexikon ist die Rede von der sprachlichen Leistung des Werkes, die auf Canettis Fähigkeit beruhe, "all' die bizarren Kreaturen völlig innerhalb ihrer eigenen Wahnlogik und streng im eigenen Tonfall sprechen zu lassen." (Kindlers neues Literaturlexikon, hrsg. v. Walter Jens, 1989). Canetti zeigt eine Gesellschaft, die vor dem Untergang steht. Von Geld und Macht beherrscht, betrügen und ermorden die Menschen einander.

Mit der Technik der satirischen Übertreibung und der "akustische Maske", die besonders Canettis dramatisches Werk prägt, aber auch in der "Blendung" schon sichtbar wird, werden Figuren beschrieben, deren jede ihre eigene Sprache spricht, sich durch eine bestimmte Eigenart auszeichnet und ihrer eigenen Logik des Wahrnsinns folgt.

Diese Welt der Irren, die den Leser erschrecken soll, geht auf Canettis frühen Plan einer Comédie Humaine von Irren, die ursprünglich aus acht Romanen bestehen sollte, zurück.

Die Qualität der "Blendung" als Teil der Weltliteratur besteht in der prophetischen Aussage eines "gespenstischen Marionettenspiels", das zwar "als ein Seismogramm des kommenden Faschismus, der Verblendung der Wissenschaft gegenüber der

Realität und der dumpfen Aggression des Kleinbürgertums" gelesen werden kann, sich jedoch zugleich "jeder Vereinnahmung durch politisch motivierte Erklärungsmuster" entzieht (Kindlers neues Literaturlexikon, 1989).

4. Nicht zuletzt die Tatsache, daß "Die Blendung" auch ihrerseits durch die chinesische Kultur geprägt ist, war für ihre Rezeption in China mitentscheidend.

Gleich zu Beginn des Buches spricht der Sinologe Kien mit einem neunjährigen Jungen über die chinesische Mauer, die chinesischen Schriftzeichen und den Philosophen Mong Tse. Die Einbeziehung weiterer chinesischer Philosophen und historischer Persönlichkeiten wie Konfuzius, Lietse, Wang Chung, der Erste Kaiser Qin Shi Huangdi, Li Si und anderer beweist nicht nur die Universalität des Autors, sondern führt auch zu einer organischen Verbindung westlicher und östlicher Kultur.

Da "Die Blendung" das bisher einzige ausländische Werk in China ist, das so konzentriert die chinesische Kultur widerspiegelt, ist ihre Resonanz bei den Chinesen verständlich. Was sie an diesem Werk besonders berührt, sind die Empfindungen des Protagonisten für China:

"In der Geschichte eines Landes, das wir alle gleicherweise verehren, eines Landes, wo man euch Aufmerksamkeit über Aufmerksamkeit, Liebe über Liebe und selbst den euch gebührenden göttlichen Kult erwies, gibt es ein furchtbares Ereignis, ein Verbrechen von mystischer Größe, das ein Machtteufel auf Einflüsterung eines noch weit teuflischeren Beraters an euch verübt hat. Im Jahre 213 vor Christi Geburt wurden auf Befehl des chinesischen Kaisers Shi-Hoang-Ti, eines brutalen Usurpators, der es gewagt hat, sich den Titel 'Der Erste, Erhabene, Göttliche' beizulegen, sämtliche Bücher Chinas verbrannt. (...) Oft frage ich mich voller Schmerz, warum das Entsetzliche gerade in China geschehen mußte, unser aller gelobtem Lande. Die Feinde, nicht faul, halten uns die Katastrophe des Jahres 213 entgegen, wenn wir auf die Offenbarung China verweisen. Wir können nur erwidern, daß auch dort die Zahl der Gebildeten verschwindend gering ist, wenn man sie gegen die Masse der andern hält. Manchmal schlägt der Schlamm des Analphabetensumpfes über den Büchern und ihren Gelehrten zusammen. Vor Naturereignissen ist kein

Land der Welt geschützt. Warum verlangt man von China unmögliches?" (Die Blendung, S. 95-96)

Ähnliche Äußerungen des Gefühls finden sich auch in anderen Werken Canettis und bei Dichtern und Philosophen wie Voltaire, Leibniz, Goethe oder Hesse, die nie selbst in China waren, und beweisen die Faszination der Europäer für die chinesische Kultur.

Nach der Übersetzung der "Blendung" erschien 1989 als zweites ins Chinesische übertragene Werk der erste Band von Canettis Lebensgeschichte, "Die gerettete Zunge", die von Ning Ying, Chen Shulin und Cai Hongjun übersetzt wurde (Institut für ausländische Literatur der chinesischen Akademie der Sozialwissenschaften, Verlag der Arbeiter, Beijing).

II. Canettis Reaktion auf die chinesische Ausgabe der "Blendung"

Nachdem Canetti die chinesische Ausgabe der "Blendung" mit unserer Widmung erhalten hatte, erhielt ich einen Brief von ihm, datiert vom 15. August 1986:

"Es bedeutet mir viel, die 'Blendung' auf Chinesisch in der Hand halten zu können. Das ist gewiß ein größeres Denkmal als eins in Stein. Entgegen der Meinung vieler Leute kann ich selbst nicht Chinesisch lesen, aber ich bin glücklich, daß es diese Übersetzung in chinesischer Sprache gibt und ich möchte Ihnen und Ihren beiden Freunden Zhang Guofeng und Shu Changshan für Ihre Arbeit, die sehr schwer gewesen sein muß, auf das herzlichste danken."

Canettis Interesse für China wurde schon in der Kindheit geweckt. Bereits mit sieben oder acht Jahren las er "Marco Polo in China", das seine Mutter für ihn gekauft hatte.

Die Chinabegeisterung in den 20er Jahren dieses Jahrhunderts in Deutschland und Österreich erschloß reichhaltiges Material über die chinesische Kultur. Die Klassiker des Konfuzianismus und des Taoismus wurden ins Deutsche übersetzt - mehr als ein halbes Jahrhundert später als in Frankreich.

Der Anlaß für eine stärkere Konzentration Canettis auf die klassische chinesische Philosophie war der Brand des Justizpalastes in Wien am 15.7.1925, der für Canetti Beginn seiner Untersuchung über das Wesen von "Masse und Macht" war. Er suchte nach der Erklärung der erfahrenen Massenbewegung in den Werken der westlichen Philosophen, fand aber die Antwort erst bei Mong Tse, der in der "Blendung" zitiert wird:

"Sie handeln und wissen nicht, was sie tun; sie haben ihre Gewohnheiten und wissen nicht, warum; sie wandeln ihr ganzes Leben und kennen doch nicht ihren Weg: so sind sie, die Leute der Masse." (Die Blendung, S. 96)

Mong Tse habe, so Canetti, das Wesen der Masse so präzise wie kein anderer Philosoph gefaßt.

Nicht zufällig ist demnach ein Sinologe, der auf seinen Spaziergängen das Buch "Mong Tse" mit sich führt, der Protagonist der "Blendung", deren Einbeziehung der chinesischen Philosophie auch als Nebenprodukt der Studien über die Frage von Masse und Macht betrachtet werden kann.

Canettis Interesse für die chinesische Kultur und Philosophie läßt sich durch seine weiteren Werke verfolgen. So bezieht er sich in seinem philosophischen Werk "Masse und Macht" u.a. auf den chinesischen Ahnenkult, während er in den Aufzeichnungsbänden "Die Provinz des Menschen" (1942 - 1972) und "Das Geheimherz der Uhr" (1973 - 1985) besonders auf die klassische Philosophie Chinas eingeht, so zum Beispiel eine Aufzeichnung aus dem Jahr 1968:

"Hsün-Tse lese ich gern, er betrügt sich nicht über den Menschen, und trotzdem hoffte er. Aber ich kann nicht leugnen, daß ich auch Mencius gern lese, weil er sich über den Menschen betrügt. Von den chinesischen 'Lehrern' will ich nie loskommen. Nur die Vorsokratiker beschäftigen mich schon ebensolange wie sie, mein ganzes Leben." (PdM, Ffm., S. 269)

Über Dschuang-Tse schreibt Canetti 1970:

"Die Wirklichkeit des Phantastischen bei Dschuang-Tse. Es wird nie zu etwas Idealem reduziert. Das Unantastbare ist die Wirklichkeit selbst, und nicht etwas hinter ihr. Am Taoismus hat mich immer angezogen, daß er die Verwandlung kennt und gutheißt, ohne zur Position des indischen oder europäischen Idealismus zu gelangen. Der Taoismus legt den größten Wert auf Langlebigkeit und Unsterblichkeit in diesem Leben und die vielfältigen Gestalten, zu denen er verhilft, sind hiesige. Er ist die Religion der Dichter, auch wenn sie es nicht wissen." (PdM, Ffm., S. 279)

Canettis 1971 erschienener Essay über "Konfuzius in seinen Gesprächen" beurteilte Konfuzius positiv, während der Konfuzianismus zu dieser Zeit in China wieder heftig kritisiert wurde.

"Die 'Gespräche' des Konfuzius sind das älteste vollkommene geistige Porträt eines Menschen. Man empfindet es als ein modernes Buch, nicht nur alles, was es enthält, auch alles, was ihm fehlt, ist wichtig." (Das Gewissen der Worte, Ffm., S.207)

Die briefliche Äußerung Canettis zur Übersetzung der "Blendung", dies sei "gewiß ein größeres Denkmal als eins in Stein" hat ihrer Parallele in der "Blendung" selbst in Georges Kiens Aussage über seinen Bruder, den Sinologen: "In fünfzig Jahren ehrt ihn die chinesische Nationalregierung durch eine Statue." (Die Blendung, S. 491; chines. Ausgabe, S. 568)

Daß die chinesische Ausgabe der "Blendung" gerade fünfzig Jahre nach dem der ersten Veröffentlichung in Wien erschien, mag ein Zufall sein, der jedoch auf merkwürdige Weise eine Kontrafaktur zum Inhalt der "Blendung" bildet.

III. Canetti und Hsiao Shusien - Eine Anmerkung zum dritten Band der Autobiographie "Das Augenspiel"

In seiner dreibändigen Lebensgeschichte beschreibt Canetti seine Begegnung mit der Chinesin Hsiao Shusien, einer heute pensionierten Professorin des Zentralkonservatoriums in Beijing. Nur zufällig stieß ich auf ihre Spuren in China und vermittelte schließlich die Wiederaufnahme des Kontaktes.

Im Jahre 1987 erhielt ich den neu erschienenen dritten Band der Autobiographie "Das Augenspiel" von Elias Canetti als Geschenk.

Das Kapitel "Besprechung in der Nussdorferstrasse" berichtet über den Plan, eine Zeitschrift "Ars Viva" für Literatur, Kunst und Musik zu gründen, der auf eine Idee des Dirigenten Hermann Scherchen zurückging. Zu der Besprechung war auch der österreichische Dichter Robert Musil geladen. Im Hinblick auf den literarischen Teil der Zeitschrift und Musils Frage, welche Themen dafür geeignet seien, kam Scherchen auf seine chinesische Frau und ihre Liebe zur chinesischen Lyrik zu sprechen.

"Scherchen meinte, (...) seine Frau, die bei der Besprechung nicht zugegen war, sei an lyrischen Dingen ganz besonders interessiert. Als Chinesin habe sie ein allererstes Recht darauf. Lyrik bedeute ihr sogar mehr als Musik. Zwar habe er sie als Dirigierschülerin bei einem Kurs, den er in Brüssel gab, kennengelernt, sie sei eigens, um bei ihm zu studieren, von China nach Brüssel gekommen, aber er sei immer mehr davon überzeugt, dass ihr Lyrik noch wichtiger sei. Es tue ihm jetzt leid, dass er sie nicht mitgebracht habe. Sie habe Pläne für die Zeitschrift entwickelt, die sich ausschliesslich auf Lyrik bezogen und eine ganze Reihe von Möglichkeiten notiert, die sie ihre 'Liste' nannte. Sie hätte sie gern gleich vertreten, ... Er werde Herrn Musil die Überlegungen seiner Frau mitsamt

der Liste von Themen auf diesem Gebiet, die alle in Frage kämen,
zusenden. Allerdings spreche seine Frau nur Französisch (...)."

Shü-Hsien, wie Canetti sie nennt, wird beschrieben als:

"eine bezaubernde und hochkultivierte Frau aus sehr gutem Hause. Sie
hatte die japanische Invasion in China erlebt und spielte einem, wenn sie
davon sprach, die schrecklichen Vorgänge vor. Sie hatte in Brüssel zart,
schmal und in chinesische Seide Mozart dirigiert, bei diesem Anblick hatte
sich Scherchen in sie verliebt, aber wenn sie vom Krieg sprach, tönten tak-
tak-tak Maschienengewehre aus ihrem Munde."

Über Scherchens Heirat mit ihr berichtet Canetti:

"Sie schrieb ihm, als sie wieder in Peking war. Alle seine Konzerte hatte
Scherchen abgesagt und war mit der Transsibirischen Eisenbahn nach
Peking gefahren, auf fünf Tage, mehr Zeit gönnte er sich nicht, um Shü-
Hsien innerhalb von fünf Tagen zu heiraten. Man sagte ihm bei der
Ankunft, daß es so rasch nicht ginge, er müsse sich zum Heiraten schon
mehr Zeit nehmen, aber auch dort setzte er seinen Willen durch, heiratete
Shü-Hsien innerhalb von fünf Tagen, liess sie vorläufig bei ihren Eltern
zurück, setzte sich wieder in die Eisenbahn und war nach wenig über
einem Monat wieder in Europa, bei seinen Konzerten.

Die Begeisterung Scherchens für seine Frau wird deutlich, als er kurz vor seiner Reise
nach Peking Canetti zum Westbahnhof bestellt:

"Ich ging hin, mehr aus Neugier als aus Zuneigung. Sein Zug fuhr ein und
er sagte noch zum offenen Fenster heraus: 'Ich fahre nach Peking
heiraten!' Dann, sobald er auf dem Perron stand, kam atemlos die
Geschichte. Er sprach hingerissen von seiner Chinesin. Er schilderte mir,
was ihm passiert war, als er sie im chinesischen Kleid Mozart dirigieren

sah. Er hatte Worte, verzückte Worte für einen anderen Menschen. Er hatte ihr versprochen, sie zu heiraten, sobald sie ihm schrieb, auf der Stelle sozusagen. Nun hatte sie ihm geschrieben und es war, als stünde er, der sonst immer Befehle erteilte, unter einem fremden Befehl, der von über der halben Erde kam und dem er sich blindlings und beseligt unterwarf. Ich hatte ihn nie so erlebt, während er atemlos weitersprach, spürte ich, daß ich ihn plötzlich mochte."

Nicht nur Canetti, sondern auch seine Frau Veza, war von Shü-Hsien entzückt. Sie meinten, daß Shü-Hsien Geist hatte. Dennoch ärgerte Canetti bei der Besprechung, daß Scherchen wieder "mit ihr prahlen mußte" und daß er sie für seine Arbeit ausnutzte - "sie mußte den ganzen Tag Noten kopieren, Stimmen für sein Orchester" - und daher für die Lyrik überhaupt keine Zeit finden konnte:

"Ich hatte, bei meiner Liebe für alles Chinesische, Sorge, wie es werden würde und mehr Besorgnis für sie, die hier in solcher Fremde war, als ich sie für eine seiner europäischen Frauen gehabt hätte. Aber bei dieser Besprechung in der Nussdorferstrasse war sie plötzlich sehr da. ... Jede hatte von ihr gehört, man dachte gern an sie, sie war ihr eigener poetischer Gegenstand. Aus der Zeitschrift wurde nichts, aber die Vorbesprechung blieb, glaube ich, allen in angenehmer Erinnerung, dank der Chinesin." (Das Augenspiel, S. 281-288)

Nach anfänglichen Schwierigkeiten zu ergründen, wer Shü-Hsien war und ob sie noch lebte, fand ich in einem Bericht der Volkszeitung (Auflage für das Ausland) vom 14. 2. 1990 mit dem Titel "China in der Seele und im Traum" die Ankündigung eines Konzerts des Zentralkonservatoriums Beijing mit Werken der Musikpädagogin Hsiao Shusien. Mit der weiteren Feststellung, daß Hsiao Shusien 1935 den Dirigenten-Kurs des weltberühmten Dirigenten Hermann Scherchen besucht habe, war sie als Canettis Shü-Hsien identifiziert.

Ich schrieb Canetti und Hsiao Shusien und hoffte, eine Verbindung zwischen beiden herstellen zu können, die für Canetti auch ein 'lebender' Anlaß für die Verwirklichung seiner geplanten Chinareise hätte sein können.

In einem Brief von Hsiao Shusien kündigte sie mir an, daß sie im Juli 1990 nach Paris und anschließend in die Schweiz und nach Italien reisen und dabei Canetti besuchen wolle. Aufgrund eines Mißverständnisses - Hsiao Shusien schrieb aus Paris an Canetti, ohne eine Anschrift zu hinterlassen, so daß er ihr nicht antworten konnte und sie deshalb direkt nach Bejing abreiste - kam jedoch ein Treffen beider nicht zustande.

Im April 1991 konnte ich dann Frau Hsiao Shusien in Bejing selbst kennenlernen - sie war ebenso wie Canetti 86 Jahre alt und in bester geistiger und körperlicher Verfassung. Zwar konnte Scherchens Idee, chinesische Lyrik in der viersprachigen Zeitschrift "Ars Viva" zu veröffentlichen, damals nicht verwirklicht werden, aber Hsiao Shusien übersetzte danach chinesische Lyrik aus dem "Buch der Lieder" (Shijing) und Volkslieder ins Französische und publizierte sie in den Zeitschriften "Schweizer Frauen" und "Die chinesische Kultur" (1948).

Über Hsiao Shusiens Leben und Werdegang berichtet die Jornalistin Zhang Shiying in dem bereits erwähnten Artikel weiter, daß sie schon als Kind von ihrem Onkel, dem Gründer des Shanghai Konservatoriums, der europäische Musik nach China brachte, das Klavierspiel erlernte. Sie wollte eigentlich Malerin werden, studierte dann aber doch Musik. Auf diesem Gebiet hat sie große Erfolge errungen. Ihre Orchestermusik "Denken an das Vaterland", die sie im Jahr 1941 komponierte, wurde von Scherchen dirigiert und in der Schweiz uraufgeführt sowie auf Schallplatten aufgenommen. Im Jahr 1950 kehrte Hsiao Shusien mit drei Kindern nach China zurück. Scherchens Wunsch, später nach China zu kommen und ein Symphonie-Orchester zu gründen, wurde nicht realisiert. 1954 wurde die Ehe beider offiziell geschieden. Als Musikpädagogin am Konservatorium in Bejing war Hsiao Shusien für die Erziehung der Komponisten der jüngeren Generationen verantwortlich und hat sich damit auch für ihr Vaterland eingesetzt.

Literatur:

Canetti, Elias:
    Die Blendung. Ffm. 1987. und

Die Blendung. Caron Verlag Zürich Nr. 76.
Miwang (Die Blendung Chinesisch). Beijing 1986.
Die gerettete Zunge. Ffm. 1979.
Das Augenspiel Ffm. 1988.
Die Provinz des Menschen Ffm. 1976.
Das Gewissen der Worte. Ffm.1981.
Das Geheimherz der Uhr. München 1985.
Die Weltliteratur. Beijing 1983, Nr.3
Kindler Lexikon. hrg. W. Jens. 1989

LI, Shixun:
wurde am 25.10.1945 im Kreises Tongshan der Provinz Jiangsu geboren. Von 1964-1968 studierte in Beijing die deutsche Sprache an der Hochschule für internationale Beziehungen und von 1978-1981 Germanistik an der Aspirantur der chinesischen Akademie für Sozialwissenschaften.

SHU, Changshan (Universität Trier)

DAS ERSTE THOMAS-MANN-BILD IN CHINA

Thomas Mann, der seit 1901 in Deutschland und in ganz Europa immer mehr zu Ruhm gelangte, war in China unseres Wissens bis zum Dezember 1928 kaum bekannt. Bezeichnend ist folgender Fall: Im September 1928 wurde in Shanghai vom Shijie Shuju (Welt Verlagshaus) ein kleiner literaturgeschichtlicher Band mit dem Titel **DEGUO WENXUE A B C (A B C der Deutschen Literatur)** von Li Chin-fa (Li Jin-fa) herausgegeben. In diesem Bändchen wurde Thomas Mann nicht einmal erwähnt!

Als Meilenstein für das allererste Thomas-Mann-Bild in China gilt das Jahr 1928. Am 1. Dezember 1928 wurden die Übersetzungen von Werken Thomas Manns unter dem chinesischen Titel **I-CHIH TI SHENG-LI (Der Sieg des Willens)** durch das Chi'i Chih (QI ZHI) Verlagshaus in Shanghai herausgegeben. Übersetzer war Chang Ming-sheng (Zhang Mingsheng), dessen Lebenslauf unbekannt ist.

Der Sammelband enthält vier von Thomas Manns frühen Erzählungen. Nach damals gängiger Übersetzungsweise sind die Titel der Erzählungen nicht wortwörtlich ins Chinesische übertragen, sondern dem Inhalt gemäß umschrieben worden:

Ursprünglicher,deutscher Titel	Chinesischer Übersetzungstitel
Der kleine Herr Friedemann	**YIGE JIXING REN DE CANBAI**
	(Das traurige Ende eines
	Mißgestalteten)
Der Bajazzo	**HUAJI DE TIANCAI**
	(Das komische Talent)
Der Wille zum Glück	**YIZHI DE SHENGLI**
	(Der Sieg des Willens)
Enttäuschung	**SHIWANG (Enttäuschung)**

(**Enttäuschung** wurde als Ausnahme wortwörtlich übersetzt)

Daß in China zunächst die chinesischen Übersetzungen von Werken Thomas Manns erschienen waren, und erst zwei Jahre später ein chinesischer Beitrag über Thomas Mann selbst veröffentlicht wurde, ist als Sonderfall zu bezeichnen. Normalerweise verhält es sich umgekehrt: Überall im Ausland tauchen zuerst kritische Beiträge und Erörterungen zum jeweiligen Autor auf und erst dann Übersetzungen seiner Werke.

Die beiden Erzählungen **Der kleine Herr Friedemann** und **Enttäuschung** wurden später nochmals ins Chinesische übersetzt und zwar durch Ch'ien Hung-chia (Qian Hongjia); sie erschienen in dem 1986 durch den Shanghai Yiwen(Übersetzungs)-Verlag herausgegebenen Band **TUOMASIMAN ZHONGDUANPIAN XIAOSHUO XUAN (Auswahl aus den Erzählungen und Novellen von Thomas Mann)**. Die Übersetzungstitel von Ch'ien Hung-chia lauten *AI GE ER FULIDEMAN XIAN SHENG* für *Der kleine Herr Friedemann* und *HUANMIE (Desillusionierung)* für **Enttäuschung**. Von **Der Wille zum Glück** und **Der Bajazzo** jedoch blieb die Übersetzung von Chang Ming-sheng die bislang einzige, die zudem nur schwer erhältlich ist. **Der Bajazzo** trägt starke autobiographische Züge. Deutsche Germanisten und Thomas Mann-Experten wie Hans Mayer halten den **Bajazzo** für einen Schlüssel zum Leben und zu den Gedanken des jungen Thomas Mann. Aber den chinesischen Verlegern und Übersetzern scheint dies leider nicht klar zu sein.

Die Qualität der Übersetzung von Chang Ming-sheng läßt zu wünschen übrig. Nicht nur war der Satzbau der chinesischen Leserschaft ungeläufig, manche Sätze waren auch kaum verständlich. Daher war der Leserkreis entsprechend klein. Die erste und einzige Auflage des chinesischen Übersetzungsbandes unter dem Titel **I-CHIH TI SHENG-LI** 1928 hatte nur zweitausend Exemplare betragen. Im Vergleich zur Größe der chinesischen Bevölkerung - damals ca. vierhundert Millionen - nahm sich diese Anzahl geradezu winzig aus. Chang Ming-sheng hatte nicht angegeben, aus welcher Sprache und aus welcher Ausgabe seine Übersetzung stammt. Seiner Übersetzung stellt er lediglich ein äußerst karges Vorwort voran. Dort heißt es u.a.: "Der Autor der von mir übersetzten Erzählungen ist Thomas Mann, der bekannte deutsche Erzähler der Gegenwart. Er ist ein Neoklassizist und lebt heute noch. Zahlreiche Werke sind von ihm verfaßt worden. Die Bekanntesten sind *ZHUREN HE GOU (Herr und Hund)*, *GUAIYI DE SHANYUE (Der Zauberberg)*, *JIAZU DE MOLUO (Verfall einer Familie)*, *QIYI*

DE ERTONG (Das Wunderkind) sowie die vorliegenden Erzählungen. Allein diese Erzählungen sind schon in mehr als neunzig Auflagen herausgegeben worden. [...]" Wie allgemein bekannt ist, zählen *Herr und Hund* und *Das Wunderkind* keineswegs zu den repräsentativen Werken von Thomas Mann. Zudem sind die Übersetzungstitel - *GUAIYI DE SHANYUE (Monströse Berge)* für den *Zauberberg*, *JIAZU DE MOLUO (Verfall einer Familie)* für *Buddenbrooks* - auch wenig treffend. Das bedeutet, daß der allererste Eindruck der chinesischen Leserschaft über Thomas Mann sehr oberflächlich, um nicht zu sagen simpel gewesen sein mußte. Bedeutsam allerdings ist Chang Ming-shengs kurzer Kommentar für die Rezeption Thomas Manns in China. Man könnte sagen, es sei das allererste und auch einfachste, was sich dem chinesischen Leser von Thomas Mann zunächst eingeprägt hat, nämlich, daß er ein Neoklassizist ist. Eine solche Kategorisierung ist gewiß keine eigene Erfindung von Chang Ming-sheng, sondern entspringt der deutschen Sekundärliteratur zu Thomas Mann. Indes, er gibt weder Quelle hierfür an, noch den Quellennachweis für die Auflagenzahl, die man skeptisch betrachten sollte - mehr als 90 Auflagen der vorliegenden Erzählungen.

Zwei Jahre nach dem Erscheinen des Übersetzungsbandes **I-CHIH TI SHENG-LI** erschien 1930 in Shanghai in der chinesischen Zeitschrift **ZHEN MEI SHAN (Das Wahre, Schöne und Gute,** Bd. VI. Heft I) der allererste von einem chinesischen Autor geschriebene Essay über Thomas Mann. Das war ein Jahr, nachdem Thomas Mann der Nobelpreis für Literatur zuerkannt worden war. Der Titel des Essays lautet *TUOMASI MAN DE SHENGPING YU ZUOPIN (Leben und Werke des Thomas Mann)* und der Autor heißt Shen Lai-ch'iu (Shen Laiqiu). In dieser Nummer der Zeitschrift **ZHEN MEI SHAN** wurde zugleich ein Photo von Thomas Mann und seiner Gattin abgedruckt. Dieser Essay und das Photo haben den chinesischen Lesern das früheste Thomas-Mann-Bild vermittelt. Bis heute wird die chinesische Umschrift des Namens von Thomas Mann >Tuomasi Man< von den meisten chinesischen Übersetzern (insbesondere auf dem Festland) auch weiterhin verwendet. Leider ist uns auch die Biographie von Shen Lai-ch'iu unbekannt. Aber sein Essay zeugt von seinen guten Kenntnissen der deutschen Sprache und von seiner Sachkenntnis der deutschen Literatur. Shen Lai-ch'iu schreibt in seinem Essay u.a.: "Unter den deutschen realistischen Schriftstellern ist Thomas Mann wegen seiner Erzählkunst bekannt. Seine Werke sind meistens Erzählungen und Romane. Soweit ich weiß, hat er nur ein einziges Drama geschrieben. Auch in der Versdichtung ist er nicht gut bewandert. Doch sein eigentliches Steckenpferd ist die erzählende Prosa. Daher wird er in der Literaturgeschichte häufig als Novellist bezeichnet. [...] Die meisten Werke von Thomas Mann schildern Schicksale des Bürgertums. Seine Gedankenwelt liegt im wesentlichen der Heimatkunst nahe und ist weit entfernt vom sozialistischen Realismus. [...]". Außer dieser allgemeinen Bewertung, entsprechen auch seine Einführung und Beurteilung über *Buddenbrooks, Der Zauberberg*, u.a. der Realität. Shen Lai-ch'ius Essay ist vergleicherweise inhaltsreich. Obwohl sich die Einführung von Shen Lai-ch'iu nur auf die bis 1930 erschienenen Werke Thomas Manns bezieht, ist sein Niveau in mancher Hinsicht höher als das der chinesischen Essays zu Thomas Mann der 50er bis 80er Jahre, geschrieben von chinesischen Autoren, deren Deutsch mangelhaft war und deren Kenntnisse der deutschen Literatur lediglich auf chinesischen Übersetzungen oder gar nur auf chinesischer Sekundärliteratur basierten.

Zum ersten Thomas-Mann-Gesamtbild der chinesischen Leser gehört auch der zweite von einem chinesischen Autor geschriebene Essay mit dem Titel *ZUIJIN DE TUOMASI MAN* (*Thomas Mann in letzter Zeit*), der 1931 in Shanghai in der Monatsschrift **SHIJIE ZAZHI** (**Weltmagazin**, Bd. I. Nr. 1.) erschienen ist. Der Essay hat den Untertitel *Die Nationalsozialisten wurden scharf getadelt*. Der Autor heißt Moli. Wahrscheinlich ist der Name ein Pseudonym, weshalb uns auch die Biographie des Autors nicht bekannt ist. Aber die von ihm angeführten Fremdwörter erwecken den Eindruck, daß er Englisch gekonnt haben und sich eventuell auch mit der englischen Literatur beschäftigt haben mußte, da er in seinem Essay statt Nationalsozialismus "Nationalsocialism", statt *Zauberberg* "*Magic Mountain*" sagt. In diesem Essay berichtet Moli folgendes: Am 17. Oktober 1930 hielt Thomas Mann in der Philharmonie (im Beethovensaal zu Berlin) eine Rede mit dem Titel *Deutsche Ansprache: Ein Appell an die Vernunft*. Anläßlich der Exzesse einer Gruppe von Nationalsozialisten, die diese Versammlung von Thomas Mann zu stören versuchten, ließ die **Berliner Morgenpost** Thomas Mann über seine Stellung zum Nationalsozialismus interviewen. Wenig später erschien Thomas Manns Rede als Broschüre. Diese Broschüre enthielt auch das Interview der **Berliner Morgenpost** und ein Interview der **Berliner Montagspost**, das ihr Mitarbeiter Ulrich Salingré am 20. Oktober 1930 mit Thomas Mann führte und dann mit dem Titel *Thomas Mann und die Nationalsozialisten. Ein Interview der Montagspost* veröffentlicht wurde. Wahrscheinlich hat Moli eine Reportage davon in einer englischen Zeitung oder Zeitschrift gelesen. Molis Essay beginnt mit folgenden Sätzen: "Thomas Mann ist der literarische Nobelpreisträger des Jahres 1929. Als Schriftsteller ist sein Name seit mehreren Jahren in Deutschland wohlbekannt. Insbesondere seit der Zuerkennung des Nobelpreises für Literatur wird er als einer der bedeutendsten Dichter der

Weltliteratur anerkannt. Wir wissen, daß Thomas Mann schon viele Jahre geschwiegen hat. Aber diesmal tadelte er plötzlich mit lauter Stimme sehr scharf die Nationalsozialisten. Deshalb ist es kein Wunder, daß seine Tat als ein sehr auffälliges Ereignis in deutschen literarischen Kreisen angesehen wurde." Nach seiner Darstellung führte Moli dann folgende Zitate von Thomas Mann an: "Thomas Mann sagte: >Man muß unterscheiden zwischen Nationalsozialismus und Nationalsozialisten. [...] Der Nationalsozialismus hat zweifellos als eine weltanschauliche Strömung, die man in zahlreichen Ländern beobachten kann, eine gewisse Bedeutung. Die Nationalsozialisten als Partei halte ich für einen Spuk, der bald vergehen wird. Die Furcht vor den Nationalsozialisten ist übertrieben und unnötig. [...] Der nationalsozialistische Wahlerfolg, der auf sehr komplizierte Motive zurückgeht, kann bereits in einem Jahr verweht und zerstoben sein, da es sich bei den Wählern fast ausschließlich um Zufallsanhänger handelt.<"[1] Obgleich Molis Essay ein kurzer Bericht war, stellt er schon zu Beginn der 30er Jahre in China Thomas Mann als eine Gestalt des heldenhaften Kämpfers gegen die Nazis vor. Sein Essay ist von historischer Bedeutung. Neben diesem Essay hat derselbe Moli auch einen anderen Artikel mit dem Titel *WAIGUO WENXUE - DEGUO DE DUSHUJIE* (*Ausländische Literatur - Deutsche Lektürekreise*) in derselben Nummer der Zeitschrift **Weltmagazin** und zwar auf derselben Seite veröffentlicht. Dieser Artikel hat auch zu dem ersten Thomas- Mann-Gesamtbild bei chinesischen Lesern in den 30er-40er Jahren beigetragen, wenngleich der Titel mit Thomas Mann nichts zu tun zu haben scheint. Darin steht u. a. geschrieben: "Heutzutage wird es in den Augen der Allgemeinheit anerkannt, daß der größte Erzähler in Deutschland Thomas Mann ist. Sein *HUANSHU DE SHAN* (*Magic Mountain*) ist ein wunderschöner Roman, dessen Beschreibung sehr faszinierend und bewegend ist. Daher könnte man sich vorstellen, daß die deutschen respektablen Buchhandlungen voll von Thomas Manns Werken sind. Aber Tatsache ist, daß die Werke von Thomas Mann und John Galsworthy in einem Verhältnis von 1 zu 10 stehen, [...] ". Vor einem Jahr hat Shen Lai-ch'iu den *Zauberberg* schon mit den chinesischen Schriftzeichen *MOSHAN* (*Der Zauberberg*) übersetzt. Dieser Übersetzungstitel *MOSHAN* wird von den meisten chinesischen Germanisten bzw. Übersetzern bis heute gebraucht. - Die erste chinesische Übersetzung des *Zauberbergs* von P'eng Huai-tung [Peng Huaidong], die 1979 durch den Yuanjing chubanshe [Perspektive Verlag] in Taiwan herausgegeben wurde, trägt den Übersetzungstitel *MOSHAN*. Ebenfalls trägt die chinesische Übersetzung des *Zauberbergs* von Yang Wuneng und anderen, die 1990 durch den Li-Jiang

---

[1] Thomas Mann und die Nationalsozialisten. Ein Interview der Montagspost. In: FRAGE UND ANTWORT - Interviews mit Thomas Mann 1909-1955, Hrsg.: Volkmar Hansen und Gert Heine, Albrecht Knaus Verlag, Hamburg, 1983, S.173.

Chubanshe [Li-Djiang Verlag] in der VR China herausgegeben wurde, auch den Übersetzungstitel *MOSHAN* - Und ein Jahr später gebraucht Moli noch den unzutreffenden Übersetzungstitel HUANSHU DE SHAN und hatte dabei den englischen Übersetzungstitel *Magic Mountain* angemerkt, was zweifellos ein Rückschritt war. Das bedeutet, daß Moli Englisch konnte, jedoch kein Deutsch. Seine Aufsätze über die deutsche Literatur sind natürlich nicht sehr zufriedenstellend. Trotzdem gehören sie zu dem Anfangskapitel der Geschichte der Rezeption Thomas Manns in China und besitzen historische Bedeutung.

Neben den eben erwähnten Essays haben auch einige von chinesischen Autoren verfaßte Werke über die deutsche Literatur bzw. deutsche Literaturgeschichte zum ersten Thomas -Mann-Bild des chinesischen Lesers beigetragen. So ist der Band **DEYIZHI WENXUE (Deutsche Literatur**, Kleine enzyklopädische Buchreihe) von Yü Hsiang-sen (Yu Xiangsen) zu erwähnen, dessen erste Auflage im August 1931 in Shanghai durch den Shangwu Verlag herausgegeben wurde. In diesem Band finden sich zwei auf Thomas Mann bezogene Abschnitte. Im ersten, der sich im ersten Kapitel unter der Überschrift GAI LUN (Einführung) findet, ordnet Yü Hsiang-sen Thomas Mann dem *Neorealismus* zu. Allerdings sagt er nicht, wie er zu dieser Ansicht kommt oder auf welche Arbeit der deutschen Sekundärliteratur er sich dabei stützt. In der heutigen deutschen Germanistik ist der Begriff *Neorealismus* für Autoren wie Thomas Mann nicht geläufig. Jedoch weiß er im zweiten Abschnitt, der sich im vierten Kapitel unter der Überschrift XIAOSHUO JI QITA SANWEN ZUOPIN (Erzählerische und andere prosaische Werke) findet, die Qualität der Werke Thomas Manns zu würdigen: "In der aktuellen erzählenden Literatur ist Thomas Mann der beste Erzähler, der die Nachteile des Naturalismus überwunden und die Vorteile des Realismus übernommen hat. Aber was von den Deutschen am meisten anerkannt worden ist, ist, daß sein Werk das Leben und die Gedanken des Bürgertums widerspiegelt. Seine Erzählweise ist klar und flüssig; seine Gliederung systematisch, logisch und übersichtlich; seine Betrachtungsweise ist minuziös, bis in die kleinsten Details; seine Formulierungen sind erst nach mehrmaligem Überarbeiten zustandegekommen. Wenngleich man in seinem Werk gelegentlich den Einfluß seiner Vorbilder empfindet, verliert es dennoch nicht im großen und ganzen seinen ihm eigenen Stil. Insbesondere ist er darin geübt, die alltäglichen Dinge in aller Gemütsruhe ausführlich darzulegen. Daher liest man mit großem Vergnügen und unermüdlich sein Werk. Sein Roman *Buddenbrooks* (1901) schildert den Verfall einer bürgerlichen Familie in Lübeck. Dieser Roman ist ein herausragendes Ereignis in der aktuellen erzählenden Literatur. Seine Novelle *Der Tod in Venedig* (1912) schildert den Untergang eines greisen Dichters in Venedig, der scheitert, weil er sich von der dortigen natürlichen Landschaft und den sozialen Gegebenheiten nicht trennen will. Diese Novelle entwickelt seinen eigenen Stil. Sie ist meisterhaft und als die poetischste Arbeit Thomas Manns zu nennen. Die Novelle *Tonio Kröger* (1903) in seinem Erzählungsband **Tristan** (1903) schildert in Form einer Autobiographie die Auseinandersetzung der Anschauungen zwischen Bürger- und Künstlertum. Diese Arbeit ist zwar nicht die beste in Thomas Manns Gesamtwerk, jedoch weltbekannt." Hieraus kann man leicht ersehen, daß sich in die Darstellung von Yü Hsiang-sen einige Irrtümer eingeschlichen haben. Offensichtlich hat er die Novelle *Der Tod in Venedig* nicht selbst gelesen. Erstens ist Gustav von Aschenbach, die Hauptfigur, kein greiser Dichter, sondern nur etwas über fünfzig Jahre alt. Zweitens stirbt er in Venedig nicht deswegen, weil er sich nicht von der dortigen natürlichen Landschaft und den sozialen Gegebenheiten trennen will, sondern wegen seiner Leidenschaft für den schönen Jungen Tadzio. Die Biographie von Yü Hsiang-sen ist uns nicht bekannt. Aus bibliographischen Nachschlagewerken wie **Deutschlands Einfluß auf die moderne chinesische Geistesgeschichte** von Wolfgang Bauer und Shen-Chang Hwang (Franz Steiner Verlag, Wiesbaden 1982) wissen wir aber, daß Yü Hsiang-sen ein in den 30er-40er Jahren des 20. Jahrhunderts einflußreicher chinesischer Germanist war. Neben dem Band **Deutsche Literatur** verfaßte er auch zwei andere Monographien, nämlich **JINDAI DEGUO WENXUE SICHAO (Die Strömungen der Neueren Deutschen Literatur**), die 1929 durch den Hua Tong Verlag in Shanghai herausgegeben wurde, und **DEYIZHI WENXUE SHI (Die Deutsche Literaturgeschichte**), die 1933 ebenfalls in Shanghai im Shangwu Verlag erschien. Vermutlich hat Yü Hsiang-sen auch in diesen beiden Monographien Thomas Mann behandelt, was von uns nicht nachgeprüft werden kann, da sie nur sehr schwer erhältlich sind. Außer Yü Hsiang-sen haben auch die wenigen anderen chinesischen Germanisten in den 20er und 30er Jahren einige Werke über die deutsche Literatur verfaßt und herausgegeben, z. B. **DEGUO WENXUE SHI DAGANG (Abriß der deutschen Literaturgeschichte**) von Chang Ch'uan-p'u (Zhang Chuanpu). Auch diese und die sonstigen wenigen in den 20er und 30er Jahren erschienenen chinesischen Monographien über die deutsche Literaturgeschichte sind nicht zu bekommen. Dies ist jedoch nicht allzu bedauerlich, da der Umfang derartiger chinesischer Schriften in der Regel sehr begrenzt ist. **Die deutsche Literaturgeschichte** von Yü Hsiang-sen hat beispielsweise nur 171 Seiten; der **Abriß der deutschen Literaturgeschichte** von Chang Ch'uan-p'u 133 Seiten. Auch wenn in diesen Monographien Thomas Mann behandelt worden wäre, so wäre der Inhalt nicht vielsagend gewesen, vielleicht wären nur einige Sätze über ihn erwähnt worden.

Aus der Behandlung der frühesten chinesischen Sekundärliteratur zu Thomas Mann können wir jetzt ein Fazit ziehen. Folgende Aspekte werden dem chinesischen Publikum durch diese Arbeiten vermittelt:

1. Thomas Mann ist Nobelpreisträger, ein Schriftsteller von Weltrang.

2. Thomas Mann ist ein mutiger, antinationalsozialistischer Kämpfer.

3. Was die literarische Stilrichtung anbelangt, zu der Thomas Mann gehört, ist die oben genannte chinesische Sekundärliteratur offenbar zwiespältig und widersprüchlich:

a) Chang Ming-sheng nennt ihn in einer *kurzen Vorbemerkung* zu dem chinesischen Übersetzungsband **Der Sieg des Willens** einen *Neoklassizisten.*

b) Shen Lai-ch'iu rechnet ihn in seinem Essay *Leben und Werke des Thomas Mann* zu den *realistischen Schriftstellern.*

c) Yü Hsiang-sen ordnet ihn in seinem Band **Deutsche Literatur** als *Neorealisten* ein.

Da keiner dieser chinesischen Autoren die Arbeiten der deutschsprachigen oder anderer nichtchinesischsprachiger Sekundärliteratur angegeben hat, auf der ihre Arbeiten beruhen, können wir nicht beurteilen, woraus solche divergierenden Meinungen resultieren. Allerdings gibt es selbst in deutschen literaturgeschichtlichen und literaturwissenschaftlichen Werken so viele unterschiedliche Stellungnahmen über Thomas Manns Stilrichtung, daß es kein Wunder ist, wenn die Frage, welcher Stilrichtung Thomas Mann angehört, in der kritischen Literatur Chinas Differenzen und Kontroversen hervorruft. Freilich ist es nicht notwendig, über die Frage, welcher Stilrichtung Thomas Mann angehört, hier zu disputieren. Unsere Hauptaufgabe besteht darin, die von den chinesischen Autoren durchgeführten Untersuchungen seines Stils und das in China vermittelte Thomas-Mann-Bild vorzustellen.

Seit 1932 gab es eine große Lücke von 23 Jahren in der Geschichte der Rezeption Thomas Manns in China. Von 1927 bis 1949 geriet China in einen anhaltenden unbarmherzigen Bürgerkrieg und stand vor der japanischen Aggression. China, das durch diesen langwierigen Krieg völlig erschöpft wurde, geriet in eine nationale Zersplitterung und ins Chaos. Es gab immer und überall Unruhen im Inland und Übergriffe von außen her. Das Volk lebte in bitterer Not und schrecklicher Armut. Das kulturelle Niveau und das des Bildungswesens war daher in erschreckendem Maße zurückgegangen. Dies war auch die hauptsächliche Ursache dafür, warum der Name Thomas Manns erst 1955 wieder in China gehört wurde.

Die Proklamation der Volksrepublik China am 1. Oktober 1949 markierte ein neues Kapitel in der chinesischen Geschichte und schlug zugleich auch ein neues Kapitel in der Geschichte der Rezeption Thomas Manns in China auf. Tatsächlich aber begann die Wiederaufnahme der Rezeption Thomas Manns in China erst im Jahre 1955. In diesem Jahr hielt Thomas Mann am 14. Mai bei der Schillerfeier im Weimarer Nationaltheater die Festrede *Versuch über Schiller*. Und gerade im Weimarer Nationaltheater saßen zwei Delegierte aus der VR China, die auch auf Einladung des Kultusministeriums der DDR an dieser Schillerfeier teilnahmen. Sie waren bekannte chinesische Schriftsteller. Der eine hieß Huang Yao-mien (Huang Yaomian, 1908-1987), der andere Ho Ching-chih (He Jingzhi, 1924-). Huang Yao-mien arbeitete damals auch als Übersetzer und war Professor für Literatur an der Pädagogischen Universität Peking. In den 50er Jahren war er stellvertretender Leiter des Sekretariats des Allchinesischen Schriftsteller- und Künstlerverbandes. Ho Ching-chih war durch die neue Oper *Das weißhaarige Mädchen* bekannt geworden. Er ist stellvertretender Leiter der Propaganda-Abteilung beim ZK der KPCh gewesen. Seit 1990 ist er amtierender Kultusminister der VR China. Interessant ist, daß Huang Yao-mien als repräsentativer Rechtsabweichler und Ho Ching-chih als repräsentativer Linksradikaler in der VR China bekannt sind. Da Thomas Manns Teilnahme an der Schillerfeier 1955 in Weimar von der ganzen DDR als schönes festliches Ereignis gefeiert wurde, erschien kurz darauf ein Sonderheft der Zeitschrift **SINN UND FORM - Beiträge zur Literatur** (Heft 3/1955), worin mehrere Grußworte der deutschen und ausländischen Delegierten an Thomas Mann unter der Überschrift *Gruß an Thomas Mann* übermittelt wurden - darunter auch der Gruß von Huang Yao-mien. Es folgt der volle Wortlaut:

"HUANG YAO-MIEN:

In Weimar hörte ich die Stimme des Friedens, die Stimme Thomas Manns. Seine Worte, die einer edlen Seele entsprangen, bewegten das deutsche Volk und die Menschen in aller Welt. Nicht nur den genialen Dichter Friedrich Schiller ließ Thomas Mann in seiner Rede vor uns erstehen, er zeigte darüber hinaus, daß wir in unseren Tagen, da die Völker der Erde ernstesten Prüfungen ausgesetzt sind, den freiheitlichen Geist Schillers in uns tragen müssen, wenn wir für eine lichte Zukunft der Menschheit kämpfen wollen.

Aufrecht und fest, Frieden fordernd und Gerechtigkeit, steht Thomas Mann in dieser Zeit der Gefahr. Seine Weisheit, seine Güte, seine Standhaftigkeit erfüllen uns mit großer Freude."

Am 6. Juli 1955 wurde Thomas Manns 80. Geburtstag festlich zelebriert. Viele bekannte Schriftsteller und Persönlichkeiten sandten ihm aus aller Welt Gratulationstelegramme und -briefe. Mao Tun (Mao Dun, 1896-1981), einer der bekanntesten chinesischen Schriftsteller, der Kultusminister der VR China (1949-1962) und der Vorsitzende des Chinesischen Schriftstellerverbandes (1949-1981), übersandte ebenfalls seine Glückwünsche an Thomas Mann. Aber dieses Dokument ist in China nicht erhältlich, es findet sich weder in Mao Tuns **Gesammelten Werken** noch unter seinen biographischen Materialien. Allerdings wurden seine Glückwünsche am 4. Juni 1955 in Rom in der italienischen Zeitschrift **Il Contemporaneo** veröffentlicht. Der Originaltext in italienischer Sprache lautet folgendermaßen:

"Gli scrittori cinesi a Thomas Mann

Al nostro amico Thomas Mann, i più sinceri e affetuosi auguri per il suo ottantesimo compleanno! Le sue opere hanno incoraggiato e incoraggiano tutti coloro che lottano per l'indipendenza, la democrazia e la libertà e combattono il militarismo, hanno insegnato a odiare la guerra ed amare la pace. Ho l'onore di augurare a Thomas Mann, a nome degli scrittori cinesi, che la sua penna acuta continui ad assolvere la grande funzione che ha avuto sino ad ora. Auguri di lunga vita a Thomas Mann!

Mao Tun

(Il Ministro degli Affari Culturali, Mao Tun, è un noto scrittore e critico, Presidente dell'
Associazione degli Scrittori Cinesi)"

Die deutsche Übersetzung des Textes lautet:

"Die chinesischen Schriftsteller an Thomas Mann

Unserem Freunde Thomas Mann die aufrichtigsten und herzlichsten Glückwünsche
zu seinem achtzigsten Geburtstag! Seine Werke haben seit langem schon und bis
zum heutigen Tage alle diejenigen ermutigt, die für Unabhängigkeit, Demokratie und
Freiheit kämpfen und den Militarismus verachten, und haben sie gelehrt, den Krieg zu
hassen und den Frieden zu lieben. Ich habe die Ehre, Thomas Mann im Namen der
chinesischen Schriftsteller zu wünschen, daß seine kritische Feder fortfahren möge,
diesen großen Auftrag zu erfüllen, dem sie bisher gedient hat. Wir wünschen Thomas
Mann ein langes Leben!

Mao Tun

(Der Minister für Kulturelle Angelegenheiten, Mao Tun, ist ein bekannter Schriftsteller
und Kritiker, Präsident der Chinesischen Schriftstellervereinigung)"

Nachdem Thomas Mann am 12. August 1955 in Zürich gestorben war, telegraphierte
die Nachrichtenagentur HSINHUA (Neues China), die offizielle Nachrichtenagentur
der VR China, am 14. August die Todes-Nachricht von Berlin (Ost-Berlin) aus nach
Peking. Einen Tag später, am 15. August 1955, wurde das Telegramm im vollen
Wortlaut in Peking in der **RENMIN RIBAO (Volks-Tageszeitung)** veröffentlicht. Dort
hieß es u.a.: "[...] Die Berliner demokratischen Zeitungen brachten am 13. die
Nachricht vom Tod Thomas Manns in großer Aufmachung. **Neues Deutschland**
veröffentlichte ein Photo von Thomas Mann und einen Kondolenzartikel, in dem es u.
a. hieß: >In Thomas Mann verliert das deutsche Volk einen großen Dichter des
Humanismus und des Friedens, der die deutsche Literatur mit unvergänglichen
Werken bereichert hat. <"

Am selben Tag, am 15. August 1955, sandte der Chinesische Schriftstellerverband (VR China) ein Kondolenztelegramm an den Deutschen Schriftstellerverband (DDR), und Mao Tun, sandte ein Kondolenztelegramm über den Deutschen Schriftstellerverband (DDR) an die Gattin von Thomas Mann. Diese beiden Kondolenztelegramme erschienen etwas später in der Zeitschrift **WENYI BAO (Zeitschrift für Literatur und Kunst)**, Nr. 16, 1955. Sie wurden mit einem Photo von Thomas Mann und einem Artikel der Redaktion veröffentlicht. Die beiden Kondolenztelegramme vermitteln den Eindruck, Thomas Mann habe dem Deutschen Schriftstellerverband (DDR) angehört. Aber dem war nicht so. Warum wurden die Telegramme nicht unmittelbar nach Zürich gesandt? (Die diplomatischen Beziehungen zwischen der VR China und der Schweizerischen Eidgenossenschaft waren am 14. September 1950 aufgenommen worden). Die Antwort auf diese Frage muß leider unbeantwortet bleiben.

Fünf Tage nach dem Tod Thomas Manns erschien der Artikel *DAO TUOMASI MAN (Trauer um Thomas Mann)* von Feng Chih (Feng Zhi) in der **RENMIN RIBAO (Volks-Tageszeitung)** vom 17. August 1955. Auf dem Festland Chinas ist allgemein bekannt, daß nur wenige einflußreiche Autoren die Gelegenheit haben, ihre Kondolenzartikel in der **Volks-Tageszeitung**, dem Organ des Zentralkomitees der KPCh, erscheinen zu lassen, und daß nur wenigen ausländischen Schriftstellern, die von chinesischen Kommunisten als fortschrittliche und nicht-antikommunistische Schriftsteller angesehen werden, die Ehre widererfährt, mit ihrem Namen in der **Volks-Tageszeitung** genannt zu werden. Bis zum heutigen Tage ist Thomas Mann unseres Wissens der einzige deutsche Dichter, dem die Ehre zuteil wurde, daß ein Kondolenzartikel über ihn in der **Volks-Tageszeitung** erschien. Daraus können wir ableiten, daß der Artikel von Feng Chih den offiziellen Standpunkt repräsentierte.

Nach dem Erscheinen des Artikels von Feng Chih wurde der Aufsatz *TUOMASI MAN - JIECHU DE DEGUO ZUOJIA HE RENDAO ZHUYI ZHE (Thomas Mann - Hervorragender deutscher Schriftsteller und Humanist)* von Huang Hsien-chün (Huang Xianjun) am 5. September 1955 in der Halbmonatsschrift **SHIJIE ZHISHI (Kenntnisse der Welt)** Nr. 17. veröffentlicht, offenbar auch anläßlich des Todes von Thomas Mann. Huang Hsien-chün's oben genannter Aufsatz ist etwas länger und ausführlicher als Feng Chih's Artikel *Trauer um Thomas Mann*, und darüber hinaus mit einer stärkeren politischen Färbung versehen. Allerdings sind in seinem Aufsatz einige Irrtümer vorhanden, welche zum Teil auf puren Vermutungen beruhen oder aber einfach nur ihren Ursprung in fälschlichen Erinnerungen haben, beispielsweise seine Darstellung über den *Zauberberg*: "1924 erscheint sein Roman *Der Zauberberg*, dem er seine neue Weltanschauung zugrunde legt. [...] Für diesen Roman wird Thomas Mann 1929 der Nobelpreis für Literatur zuerkannt."

Thomas Mann bekam den Nobelpreis für Literatur hauptsächlich nicht für den *Zauberberg*, sondern für *Buddenbrooks*. Dies steht im Text der Urkunde ganz deutlich geschrieben.[2]

Aber Irrtümer wie der oben genannte, sind dennoch entschuldbar. Worüber man jedoch nicht so leicht hinwegsehen sollte, ist folgendes schwerwiegender Irrtum in seinem Aufsatz - nämlich, daß in unverantwortlicher Art und Weise einige Zitate Thomas Manns aus einem, von Kommunisten erfundenen Artikel angeführt werden, dabei die betroffenen Zitate aus dem Kontext gerissen und dadurch Sinn und Inhalte verdreht werden. - So kann man in Huangs Aufsatz u. a. folgende Sätze lesen: "In seiner 1946 verfaßten bekannten Abhandlung *Der Antibolschewismus ist die Grundtorheit unserer Epoche* schreibt er noch deutlicher und klarer, daß das Antlitz der zukünftigen Welt 'schwerlich ohne kommunistische Züge vorzustellen ist: das heißt, ohne die Grundidee des gemeinsamen Besitz- und Genußrechtes an den Gütern der Erde, ohne fortschreitende Einebnung der Klassenunterschiede, ohne das Recht auf Arbeit und die Pflicht zur Arbeit für alle.'"

Aber Thomas Mann hat in seinem ganzen Leben überhaupt keinen Artikel mit der Überschrift *Der Antibolschewismus ist die Grundtorheit unserer Epoche* geschrieben. Ein derartiger Titel ist in keiner Ausgabe der Gesammelten Werke Thomas Manns aufzufinden, taucht jedoch in **DAS WERK THOMAS MANNS. EINE BIBLIOGRAPHIE** von Hans Bürgin auf. Dort ist nachzulesen:

"73. *Grundtorheit Antibolschewismus.* Berlin: Hrsg. vom Zentralsekretariat der Sozialistischen Einheitspartei Deutschlands, Abt. Werbung und Schulung 1946. 8 Seiten. - Nachdruck von Teilen des Aufsatzes *Schicksal und Aufgabe*: V 573

---

[2] THOMAS MANN. EINE CHRONIK SEINES LEBENS, zusammengestellt von Hans Bürgin und Hans-Otto Mayer, Fischer Verlag 1965, S.88.

A Berlin-Schöneberg: Zentralvorstand der SED (hrsg.). Druck: M. Kalesse 1946.
8 Seiten. - Auflage 200 000
B *Der Antibolschewismus, die Grundtorheit unserer Epoche*. Hannover:
Volksdruckerei GmbH 1949. 8 Seiten, mit Bild auf der Vorderseite. - Mit einem
Anhang >Thomas Mann warnt vor dem Atlantikpakte<; Flugschrift, hersg.
vom Parteivorstand der KPD"[3]

Nun wird endlich klar, daß dieser auf dem Festland Chinas verbreitete und bekannte
Artikel mit dem Titel *Der Antibolschewismus ist die Grundtorheit unserer Epoche*
lediglich ein Nachdruck von Teilen des Aufsatzes von Thomas Mann *Schicksal und
Aufgabe* ist. Dieser Aufsatz ist in **THOMAS MANN GESAMMELTE WERKE IN 13
BÄNDEN** (Fischer Verlag 1974) Bd.XII. zu finden. Dem Aufsatz *Schicksal und Aufgabe*
liegt ein Vortrag zugrunde, den Thomas Mann unter dem Titel *The War and the Future*
am 13. Oktober 1943 in der Library of Congress, Washington, hielt. Wir können aber
heute nicht beurteilen, ob Thomas Mann vor seinem Tode persönlich davon Kenntnis
genommen hatte. Hinzu kommt, daß **DAS WERK THOMAS MANNS** von Hans
Bürgin, worin dieser Titel erwähnt wurde, damals nur in den kommunistischen
Ländern vertrieben werden durfte. In diesem Zusammenhang könnte man sich die
Frage stellen, ob es in dem Aufsatz *Schicksal und Aufgabe* irgendwo einen Satz wie
>Der Antibolschewismus ist die Grundtorheit unserer Epoche< gibt. Die Antwort ist
jedoch völlig negativ, denn weder sind Worte wie 'Antibolschewismus' noch Sätze wie
'Der Antibolschewismus ist die Grundtorheit unserer Epoche' aufzufinden. Die oben
genannten Fakten zeigen uns deutlich, wie die Kommunisten (SED und KPD) zum
Zwecke der Propaganda einen unechten Titel zusammenphantasiert haben. Was
aber Thomas Mann in seinem Aufsatz über den Kommunismus sagt, bezieht sich
lediglich auf den ursprünglichen Begriff des Kommunismus, das Ideal der Menschheit,
das schon vor Karl Marx und vor dem neunzehnten Jahrhundert existent war und in
keinem Zusammenhang mit dem in der Sowjetunion praktizierten sogenannten
Kommunismus - dem Bolschewismus steht. Dennoch wurde seit dem Erscheinen der
Broschüre **GRUNDTORHEIT ANTIBOLSCHEWISMUS** durch die SED 1946 dieser
erfundene Titel des öfteren in der DDR zitiert. Beispielsweise steht in dem
DEUTSCHES SCHRIFTSTELLERLEXIKON von Günter Albrecht, das 1960 in der
DDR durch den Volksverlag Weimar herausgegeben wurde, unter dem Wortartikel
THOMAS MANN u.a. folgendes: "[...] der Bürger M. war es, der das bedeutsame
Wort vom Antikommunismus als der 'Grundtorheit unserer Epoche' sprach." Hier

---

[3] DAS WERK THOMAS MANNS. EINE BIBLIOGRAPHIE von Hans Bürgin, Akademie-Verlag, Berlin
(DDR), 1959, S.40.

sollte man seine Aufmerksamkeit auf das Interpunktionszeichen richten. Das sogenannte Zitat - vom Antikommunismus als der 'Grundtorheit unserer Epoche' - ist lediglich zusammengeflickt worden. Da die Broschüre **GRUNDTORHEIT ANTIBOLSCHEWISMUS** oder die sonstige Sekundärliteratur darüber eventuell aus der DDR nach China eingeführt wurde, schrieb Tung Heng-hsün (Dong Heng-xun) beispielsweise 1962 in seinem *VORWORT ZU DER CHINESISCHEN ÜBERSETZUNG DER BUDDENBROOKS* folgendes: "In seinem Aufsatz *Der Antibolschewismus, die Grundtorheit unserer Epoche* (1946) bringt er zum Ausdruck, daß er noch fester daran glaubt, daß die zukünftige Welt 'schwerlich ohne kommunistische Züge vorzustellen ist.'"[4] Seitdem ist diese 'Erfindung' auf dem Festland Chinas zu einer Wirklichkeit geworden. Hoffentlich wird diese falsche Auffassung durch die vorliegende Arbeit korrigiert werden.

Anläßlich des Todes Thomas Manns erschienen neben den Artikeln von Feng Chih und Huang Hsien-chün noch weitere Schriften wie *DEGUO ZUOJIA TUOMASI MAN SISHI* (*Der Tod des deutschen Schriftstellers Thomas Mann*) von der Redaktion der **WENYI BAO** in der Zeitschrift **WENYI BAO**, Nr. 16. 1955, Peking; *DEGUO ZUOJIA TUOMASI MAN SISHI* (*Der Tod des deutschen Schriftstellers Thomas Mann*) von Feng Hsin (Feng Xin) in der Zeitschrift **YIWEN** (**Übersetzungen**), Septemberheft 1955, Peking. Feng Hsins Artikel legt die Vermutung nahe, daß es sich hierbei um einen Kondolenzartikel handelt. Aber in Wirklichkeit sei er die chinesische Übersetzung einiger Auszüge eines deutschen Artikels von Hans Mayer, wie Feng Hsin anmerkt. Aber leider können wir nicht bestätigen, daß die Auszüge wirklich aus einem Artikel von Hans Mayer angeführt wurden. Da Feng Hsin den Originaltitel und seine Quelle nicht angibt, haben wir mit viel Mühe vergeblich den Titel und die Quelle zu finden versucht.

In derselben Zeitschrift **YIWEN** (Septemberheft 1955) wurde auch ein Artikel mit dem Titel *DEGUO RENMIN LONGZHONG JINIAN XILE* (*Das deutsche Volk gedenkt feierlich an Friedrich Schiller*) von Feng Hsin veröffentlicht. Vom Titel her gesehen, hat dieser Artikel mit Thomas Mann nichts zu tun. Aber in der Tat ist darin hauptsächlich über die Reise Thomas Manns und seine Festrede *Versuch über Schiller* in Weimar 1955 berichtet.

---

[4] Übersetzungsband BUDENGBOLUOKE YIJIA (**Buddenbrooks**, übers.: Fu Wei-tz'u), RENMIN WENXUE CHUBANSHE, 1962, Peking, S.4.

Ein Jahr nach dem Tode Thomas Manns erschien im September 1956 in der Zeitschrift **YIWEN** (**Übersetzungen**) die chinesische Übersetzung der Rede *Meine Zeit* (Übersetzungstitel: *WO DE SHIDAI*, Übers.: Chi K'un [Ji Kun]). Als wichtiges Selbstzeugnis Thomas Manns wird diese Rede oft auszugsweise in den chinesischen Essays zitiert und spielt somit eine bedeutende Rolle für das Thomas-Mann-Bild in China. Doch leider beruht die chinesische Übersetzung nicht auf dem originalen (deutschen oder englischen) Text, sondern auf der russischen Übersetzung, wie eine redaktionelle Nachbemerkung mitteilt: "Da im Augenblick der Originaltext nicht auffindbar ist, lehnt sich die vorliegende Übersetzung *Meine Zeit* an die russische Übersetzung an, die in der sowjetischen Zeitschrift **Neue Welt** (Oktoberheft 1955) erschienen ist. In der russischen Übersetzung sind aber einige Passagen aus dem Originaltext weggestrichen worden." Durch einen Vergleich mit der deutschen Ausgabe können wir feststellen, daß offensichtlich politische und ideologische Ursachen dafür verantwortlich sind, weshalb die betroffenen Passagen nicht übersetzt wurden. Solche Kürzungen oder gar Streichungen ganzer Passagen erfolgen im allgemeinen ohne jegliche Anmerkungen des Übersetzers, ohne jegliche Angaben darüber, was, an welcher Stelle gestrichen wurde. Was die Kürzung in der Übersetzung von *Meine Zeit* anbelangt, so handelt es sich um Thomas Manns Äußerungen zu Nietzsche, über "Demokratie", "Despotie", "autokratische Revolution", usw. Derartiges in den damaligen sozialistischen Ländern aufzugreifen, war äußerst delikat. Infolgedessen strich der Übersetzer, gleichgültig ob Thomas Mann im positiven oder negativen Sinne davon sprach, die auf 'Demokratie' und 'Despotie' bezogenen Passagen kurzerhand weg. Auch wurden Wörter abgewandelt, so daß aus der Bezeichnung 'Naturalist' für Tolstoi und Wagner 'Realist' wurde. Ebenfalls verwandelte er Termini wie 'Totalitarismus' in 'Faschismus', 'der totale Staat' in 'der faschistische Staat', 'der totalitäre Staatsmann' in 'der faschistische Staatsmann', um den damaligen politischen Tendenzen entgegenzukommen, denn in den westlichen Ländern setzte sich immer mehr die Auffassung durch, daß der Bolschewismus - besonders in der Ära Stalin - auch eine Art von dem Totalitarismus ist, daß die Sowjetunion ein totalitärer Staat ist. Ob Thomas Manns Rede vom Totalitarismus in *Meine Zeit* euphemistisch aber implizit gegen die Sowjetunion gerichtet, oder nur allgemein gemeint war, entzieht sich der heutigen Beurteilung.

Die chinesische Übersetzung der *GEDENKREDE FÜR THOMAS MANN* von Lion Feuchtwanger (Übersetzungstitel: *TUOMASI MAN*, Übers.: I Yü [Yi Yu]) erschien ebenfalls in der gleichen Nummer der Zeitschrift **YIWEN**. Ursprünglich wurde sie jedoch in der Wochenschrift **Neue Zeit** Nr. 5. am 26. Januar 1956 in Moskau veröffentlicht. Diese Wochenschrift wird in russischer, deutscher, englischer, französischer und anderen Sprachen verlegt. Die von I Yü aus der englischen Ausgabe übertragene Übersetzung *GEDENKREDE FÜR THOMAS MANN* von Lion Feuchtwanger wurde seither immer wieder zitiert. Beispielsweise führt Tung Heng-hsün 1962 in seinem *VORWORT ZU DER CHINESISCHEN ÜBERSETZUNG DER BUDDENBROOKS* aus ihr ein Zitat an: "Deshalb sagt ein anderer deutscher Schriftsteller, Lion Feuchtwanger: > Betrachten und beschauen ist besser als tun: das war in jenen Jahren Thomas Manns Philosophie. < "

Im Oktober 1956, einen Monat nach dem Erscheinen der chinesischen Übersetzung von *Meine Zeit*, wurde die chinesische Übersetzung der Schiller-Studie *Schwere Stunde* (Übers.:Chi Hsien-lin [Ji Xianlin]) in der Zeitschrift **YIWEN (Übersetzungen)** veröffentlicht.

Im Oktober 1956 wurde der kleine Band **DEGUO WENXUE GAIKUANG (Überblick über die deutsche Literatur)** vom chinesischen Schriftstellerverband in Peking herausgegeben. Da er nicht öffentlich verkauft, sondern nur im Kreis der chinesischen Schriftsteller bzw. Germanisten vertrieben wurde, war sein Verbreitungskreis nur sehr klein. Es handelt sich hierbei um einen Sammelband verschiedener Artikel. Er kann aber nicht als ein literaturgeschichtliches Werk im eigentlichen Sinne gelten.

Im November 1956 kam die chinesische Übersetzung von *Versuch über Tschechow* in der Zeitschrift **YIWEN** heraus. Der Übersetzer Chi K'un lehnt sich auch diesmal an eine russische Übersetzung von Ludenaja an, die in der sowjetischen Zeitschrift **Neue Welt** (Januarheft 1955) erschienen ist. Diesmal haben die russische Übersetzerin Ludenaja und mit ihr Chi K'un nichts willkürlich weggestrichen oder entstellt, weil *Versuch über Tschechow* nach den damals in der Sowjetunion und auf dem Festland Chinas verbreiteten Ansichten positiv bewertet worden war.

Während des ganzen Jahres 1957 erschienen in China weder chinesische Übersetzungen von Werken Thomas Manns noch chinesische Sekundärliteratur zu ihm. Aber die Redaktion der Zeitschrift **YIWEN** vergaß nicht, den chinesischen Leser an Thomas Mann, den großen Meister zu erinnern, wenn auch nur durch kurze

Informationen von Büchern über ihn. Beispielsweise wurde im Aprilheft 1957 von **YIWEN** eine Nachricht mit der Überschrift *Heinrich Mann und Thomas Mann* veröffentlicht. In dieser Nachricht wurde das Buch **HEINRICH UND THOMAS MANN. DIE PERSÖNLICHEN, LITERARISCHEN UND WELTANSCHAULICHEN BEZIEHUNGEN DER BRÜDER** von Alfred Kantorowicz (Aufbau-Verlag 1956, Berlin) mit einem kurzen Kommentar vorgestellt. Im Septemberheft 1957 von **YIWEN** wurde wieder eine Nachricht unter der Überschrift *DREI BÜCHER ÜBER THOMAS MANN* mit geringen Kommentaren veröffentlicht; folgende drei Bücher wurden nämlich vorgestellt:

1. Alfred Kantorowicz: **HEINRICH UND THOMAS MANN**; 2. Erika Mann: **DAS LETZTE JAHR. BERICHT ÜBER MEINEN VATER**; 3. Monika Mann: **VERGANGENES UND GEGENWÄRTIGES. ERINNERUNGEN.** Allerdings sind solche Informationen für das Thomas–Mann-Bild in China oft nur von geringer Bedeutung.

1958 wurde der Band **DEGUO WENXUE JIANSHI (Abriß der deutschen Literaturgeschichte)** von Feng Chih u. a. in Peking durch den Renmin Wenxue Chubanshe (Volksverlag für Literatur) herausgegeben. Dank der Autorität von Professor Feng Chih wird er bis heute als ein maßgebliches Nachschlagewerk für deutsche Literatur angesehen. Die auf Thomas Mann bezogenen Abschnitte zählen als bedeutender Beitrag der chinesischen Sekundärliteratur zu Thomas Mann.

1961 erschienen Auszüge der chinesischen Übersetzung *Buddenbrooks* (Übers.: Fu Wei-tz'u) unter der Überschrift *ANDONGNI BUDENGBOLUOKE DE HUNYIN (Die Ehe von Antonie Buddenbrook)* mit dem Untertitel *BUDENGBOLUOKE YIJIA DE PIANDUAN (Auszüge der Buddenbrooks)* in der Zeitschrift **SHIJIE WENXUE (Weltliteratur**, Maiheft und Juniheft 1961). Die Auszüge sind nämlich dem dritten und dem vierten Teil der *Buddenbrooks* entnommen. Um die *Buddenbrooks* einzuführen, schrieb Ling I (Ling Yi) einen Aufsatz mit dem Titel **GUAN YU TUOMASI MAN HE BUDENGBOLUOKE YIJAI** (*Über Thomas Mann und >Buddenbrooks<*), der in derselben Nummer der Zeitschrift **Weltliteratur** erschien und als der erste und ausführlichste, aufgrund der neuen Ansichten geschriebene Aufsatz seit 1949 auf dem Festland Chinas gelten kann. Ling I ist ein Pseudonym. Über die Person ist uns nichts bekannt.

Im Dezember 1962 erschien endlich die vollständige chinesische Übersetzung von *Buddenbrooks* durch Fu Wei-tz'u, nach einem Zeitraum von 61 Jahren seit der Erstausgabe der *Buddenbrooks* 1901. Dies war zweifellos ein bedeutendes Ereignis in der Geschichte der Rezeption Thomas Manns in China. Ein chinesischer Literaturwissenschaftler namens Tung Heng-hsün hat ein Vorwort zu dieser Übersetzung geschrieben. Zwar ein prominenter Wissenschaftler für ausländische Literatur, ist Tung Heng-hsün doch vorwiegend Amerikanist.

Aufgrund der chinesischen Übersetzung der Werke Thomas Manns und der chinesischen Sekundärliteratur zu ihm von 1955 bis 1962 (einschließlich Nachbemerkungen der Redaktion von **YIWEN** zu chinesischen Übersetzungen von *Meine Zeit, Schwere Stunde, Versuch über Tschechow,* usw.) können wir nun für das Thomas-Mann-Bild im *neuen* China ein Fazit folgendermaßen ziehen:

1. Thomas Mann ist ein sehr politischer Schriftsteller. Folgende Äußerungen können wir immer wieder in der oben genannten chinesischen Sekundärliteratur bzw. in der chinesischen Übersetzung der deutschen Sekundärliteratur zu Thomas Mann lesen: "In Thomas Mann verliert das deutsche Volk einen großen Dichter des Humanismus und des Friedens,[...]"[5] "An diesem Tag (dem 6. Juni) übermittelten ihm die progressiven Schriftsteller aus aller Welt herzliche Glückwünsche für seine sechzigjährige, unaufhörliche literarische Tätigkeit, die die Schatzkammer der Weltliteratur bereichert hat; für seinen entschlossenen Kampf gegen den Faschismus in den zwei Weltkriegen; für seine Sympathie gegenüber der Sowjetunion und für seine Verachtung der amerikanischen Politik der Stärke; für seine beharrlichen Bemühungen um den Weltfrieden und die deutsche Einheit [...]"[6] "Nach dem Zweiten Weltkrieg sind die USA mit ihrer fortschreitenden Faschisierung der Kopf des imperialistischen Lagers, der Todfeind aller Völker der Welt geworden. Thomas Mann ertrug das politische Klima der McCarthy-Jahre nicht. [...] und könne nicht in den USA weiter leben. [...] Thomas Mann stammt aus der Bourgeoisie, die er aber unerbittlich aufgezeigt und kritisiert hat. In seinen späten Jahren kommt er zu der Einsicht, daß die bourgeoise Gesellschaft dem Untergang geweiht sei, daß eine Gesellschaft ohne Ausbeutung bestimmt kommen werde. 1946 schreibt Thomas Mann einen Aufsatz mit dem Titel *Der Antibolschewismus ist die Grundtorheit unserer Epoche.* In diesem

---

[5] **RENMIN RIBAO** vom 15. August 1955, S.4.
[6] Feng Chih: *DAO TUOMASI MAN* (Trauer um Thomas Mann), In: **RENMIN RIBAO** vom 17. August 1955.

Aufsatz bringt er seine Zuversicht zum Ausdruck, daß der Kommunismus unaufhaltsam siegen werde."[7] Hier scheint Thomas Mann ein Vorkämpfer des Kommunismus zu sein. In Wirklichkeit ist er dies natürlich nicht, wie er selbst schreibt: "Sie sehen, daß ich in einem Sozialismus, in dem die Idee der Gleichheit die der Freiheit vollkommen überwiegt, nicht das menschliche Ideal erblicke, und ich glaube, ich bin vor dem Verdacht geschützt, ein Vorkämpfer des Kommunismus zu sein."[8]

2. Thomas Mann ist ein Vorbild oder ein Meister des kritischen Realismus. Folgende Darstellungen kann man des öfteren lesen: "Dieser äußerst subtile Meister des kritischen Realismus in der heutigen schönen Literatur"[9] , ein Zitat von Konstantin Fedin, dem bekannten sowjetischen Schriftsteller, das in der *Nachbemerkung zu der chinesischen Übersetzung von >Versuch über Tschechow<*[10] zitiert wurde; "*Buddenbrooks* [...] zu einem Vorbild der deutschen kritischen realistischen Literatur" (Feng Chih); "ein deutscher Schriftsteller des kritischen Realismus" (Huang Hsien-chün); "ein Schriftsteller des kritischen Realismus" (Tung Heng-hsün). Es ist allgemein bekannt, daß die Kategorie 'Kritischer Realismus' aus der marxistischen Literaturkritik stammt. Thomas Mann selbst hat die *Buddenbrooks* als 'den ersten und einzigen naturalistischen Roman'[11] bezeichnet. Freilich widersprechen sich auch Thomas Manns Kommentare zu seinem Werk oft. Und in Thomas Manns literarischen Begriffen steht Naturalismus oft für das, was in der Literaturkritik üblicherweise mit Realismus gemeint ist.

Kurz gesagt, das Thomas-Mann-Bild, das 1955-1962 durch chinesischsprachige Sekundärliteratur vermittelt wurde, ist aus heutiger Sicht problematisch. Gewissermaßen ist es kein eigentliches, echtes Thomas-Mann-Bild, sondern ein von Germanisten der Sowjetunion, der DDR und der VR China geschöntes, aber mithin eben auch verfälschtes Thomas-Mann-Bild.

---

[7] Feng Chih u.a.: **DEGUO WENXUE JIANSHI** (Abriß der deutschen Literaturgeschichte)
[8] Thomas Mann: *Schicksal und Aufgabe,* In: THOMAS MANN GESAMMELTE WERKE in 13 Bänden (Fischer Verlag, Frankfurt/M 1974), Bd. XII. S.934.
[9] Konstantin Fedin: *Thomas Mann. Zu seinem 80. Geburtstag,* In: Konstantin Fedin:**DICHTER - KUNST - ZEIT. AUFSÄTZE. ERINNERUNGEN,** Aufbau-Verlag, Berlin(DDR), 1959, S.218.
[10] YIWEN (Übersetzungen), Novemberheft 1956, S.178.
[11] **BETRACHTUNGEN EINES UNPOLITISCHEN,** das vollständige Zitat:"- es ist für Deutschland der vielleicht erste und einzige naturalistische Roman [...]", In: **THOMAS MANN GESAMMELTE WERKE in** 13 Bänden (Fischer Verlag, Frankfurt/M, 1974), Bd. XII. S.89.

SHU, Changshan:
außerordentlicher Professor der Germanistik an der Pädagogischen Universität Peking (Beijing Shifan Daxue), beschäftigt sich z. Z. an der Universität Trier mit der Rezeptionsgeschichte Thomas Manns in China. Seine veröffentlichten chinesischen Übersetzungen in Buchform sind u.a. **DIE BLENDUNG** von Elias Canetti, **STERNSTUNDEN DER MENSCHHEIT** und **DIE WELT VON GESTERN** von Stefan Zweig.

HUANG, Dong (Universität Marburg)

DIE AUSEINANDERSETZUNG CHINAS
MIT DEM DEUTSCHEN EXPRESSIONISMUS

I. Einführung

"Also was ist der Expressionismus? Ein Konglomerat, eine Seeschlange, das Ungeheuer von Loch Ness, eine Art Ku-Klux-Klan?" So formuliert Gottfried Benn die Frage in seinem Essay, das er als Einleitung für den Band "Lyrik des expressionistischen Jahrzehnts. Von den Wegbereitern bis zum Dada"(1955) schrieb. Es scheint, daß er diese Frage nicht beantworten könnte. In einer anderen Fragestellung, die sich auch in dieser Einleitung findet, tritt sein Zweifel zutage:"Gab es ihn überhaupt?"

Die Begriffsbestimmung des Expressionismus bringt nicht nur Gottfried Benn, sondern auch viele andere in ein Dilemma. Obwohl sie alle aus verschiedener Sicht den Expressionismus leidenschaftlich zu definieren und zu interpretieren versuchen, weisen sie dennoch keinen Ausweg aus der Sackgasse. Einer der Gründe liegt möglicherweise darin, daß der Expressionismus zum ersten Male in der modernen Kunst- und Literaturgeschichte gewisse ernste Fragen erhoben hat, denen sich die künstlerischen und literarischen Kreise von Zeit zu Zeit stellen müssen.

Auf jeden Fall ist der Expressionismus eine sehr bedeutende Bewegung und nimmt in der künstlerischen und literarischen Weltavantgarde einen wichtigen Platz ein. Der Expressionismus ist zwar ein vieldeutiges Phänomen auf fast allen Gebieten der künstlerischen und literarischen Schöpfung der 20er Jahre unseres Jahrhunderts, maßgebend für ihn ist aber vor allem seine deutsche Richtung. Deutschland gilt als die Wiege der expressionistischen Bewegung. Diese Bewegung war zwar von ziemlich kurzer Dauer - zwischen 1910 und 1925 - dafür aber von enormer Relevanz gesellschaftliche Entwicklung Deutschlands nach dem Ersten Weltkrieg. Der Einfluß der expressionistischen Bewegung ist sogar heute noch in Deutschland und in Europa zu spüren.

An dieser Stelle soll eine Frage im Hinblick auf den internationalen Einfluß des Expressionismus gestellt werden: Hat diese Bewegung auch dem Aufbruch der modernen Kunst und Literatur in den Ländern, die von Deutschland geographisch sehr weit entfernt und von ihm kulturell völlig unterschiedlich sind, einen Impuls gegeben? Seit diesem Jahrhundert stößt der Expressionismus in vielen außereuropäischen Ländern auf Resonanz und spielt dort oft eine wichtige Rolle in der Kunst- und Literaturwissenschaft, wenn auch die Beurteilung des Expressionismus von Land zu Land sehr verschieden ist. Z.B. gibt es eine Reihe von Aufsätzen über den Expressionismus in China, dort kommt es zur kritischen Auseinandersetzung.

Die vorliegende Arbeit wird sich mit der politischen und literarischen Bewertung des Expressionismus in China beschäftigen. Es wird durch eine bibliographische Untersuchung versucht, einen geschichtlichen Überblick über diese Auseinandersetzung zu geben. Dabei handelt es sich hauptsächlich um 1) die unterschiedliche Aufnahme des deutschen Expressionismus in China in den 20er und 30er Jahren; 2) die politische und literarische Bewertung des Expressionismus in der Volksrepublik China von 1949 bis zur Gegenwart.

(Aus verschiedenen Gründen ist das Kapitel "Über die Einflüsse des deutschen Expressionismus auf die moderne chinesische Literatur am Beispiel Guo Moruo" ausgelassen.)

II. Die unterschiedliche Aufnahme des deutschen Expressionismus in China in den 20er und 30er Jahren

Die Begegnung mit dem deutschen Expressionismus in China geht in ihren Anfängen auf die Bewegung des 4. Mai 1919 zurück[1], die eine

---

[1] Diese Bewegung wurde von Studenten ausgelöst. Anlaß war der Beschluß der in Versailles tagenden Siegermächte des Ersten Weltkriegs, das deutsche Pachtgebiet in der Provinz Shandong Japan zu übertragen. Dagegen demonstrierten am 4. Mai 1919 in Peking 3000 Studenten. Dies war der Beginn einer Welle nationaler Empörung, die bald das ganze Land erfaßte und zu Streiks und Boykottaktionen führte. Über den unmittelbaren Anlaß hinaus war die

Auseinandersetzung zwischen dem westlichen Gedankengut und der konfuzianischen Tradition in Gang gesetzt hat. Wenn man von der Geschichte der modernen chinesischen Literatur und Kunst ausgeht, die ebenfalls in der Zeit der 4. Mai-Bewegung ihren Anfang genommen hat, kann man schließen, daß der Expressionismus bereits damals, zumindest im Kreis der chinesischen Literaten, kein unbekannter Begriff war. Von der Bezeichnung Expressionismus ist die 1921 entstehende chinesische Übertragung "biaoxian zhuyi"[2] gleichbedeutend mit dem französischen Wort "Expressionisme" und auf deutsch "Ausdruckskunst". Einige wichtige Namen und Werke der deutschen Expressionisten, darunter vornehmlich Dramatiker, wurden von den jungen chinesischen Literaten, von denen die meisten in Japan und in Europa studiert hatten, anfangs nur in Zeitschriften und später auch in Buchform vorgestellt. Japanische Abhandlungen über den Expressionismus wurden oft ins Chinesische übersetzt und als Informationsquelle ausgewertet, ohne aber eine Rolle in literaturwissenschaftlichen Debatten zu spielen.

Um die literaturkritische Betrachtung des Expressionismus zu jener Zeit in China chronologisch anschaulich darzustellen, wird eine bibliographische Angabe, die sich aus dem mir zur Verfügung stehenden Material ergibt, in folgendem zunächst synoptisch tabellarisiert und dann zu den einzelnen Autoren zusammenfassend kommentiert.

1918 Song Chunfang: Über weltberühmte Schauspiele I.,
in: Song Chunfang über dasDrama,
Shanghai 1930, S. 287-292

1921 Song Chunfang: Über weltberühmte Schauspiele II.,
in: Song Chunfang über das Drama,
Shanghai 1930, S. 303-306

1921 You Xiong: Expressionistische Kunst, in:
Magazin "The Eastern Miscellany"

---

4. Mai-Bewegung Ausdruck des Unmuts über die ständige Demütigung Chinas durch die ausländischen Mächte und die Ohnmacht der chinesischen Regierung. Diese Bewegung ist daher als ein Symbol für das Erwachen der chinesischen Nation und als Beginn der modernen Geschichte Chinas betrachtet. s. W. Bartke (1985, S.320)

2 Sehr wahrscheinlich tauchte diese chinesische Übertragung zum ersten Mal im 1921 erschienenen Artikel von You Xiong (s. S.93 und S.97-99) auf. Es wurde auch von den anderen z.B. Song Chunfang "biaoxian pai" genannt, darunter soll man "die expressionistische Schule" verstehen (s. S.93 und S.95-97).

Nr.8, April 1921, S. 82-84

1922 Song Chunfang: Schauspiele der deutschen
                        expressionistischen Schule, in:
                        Song Chunfang über das Drama,
                        Shanghai 1930, S. 75-83

1923 Zhang Kebiao: Über das deutsche expressionistische
                        Drama, in: Magazin "The Eastern
                        Miscellany" Nr.3, Februar 1923,
                        S.91-96

1923 Mao Dun: Junge deutsche Literatur - vom
                        Expressionismus zur proletarischen
                        Literatur und Kunst, in: ders.:
                        Verschiedene Betrachtungen über
                        die moderne Literatur undKunst,
                        Welt-Verlag, Shanghai 1929,
                        S.1-7

1923-1931 Yu Dafu: Über den deutschen Expres-
                        sionismus,[3] in: Yu Dafus Werke
                        Bd.5/6, Hongkong u. Guangzhou
                        1982.

1925 Yu Jifan: Kurze Geschichte des Expres-
                        sionismus, in: Magazin "The
                        Eastern Miscellany" Nr.18,
                        September 1925, S.89-105

1929 Fang Bi (Mao Dun): Entwurf über die westliche
                        Literatur, Welt-Verlag, Shanghai
                        1930

1929 Lin Yutang: Prolog zur neuen Literaturkritik,
                        in: Zeitschrift "Wortspinnerei",

---

[3] Es handelt sich nicht um ein Buch oder einen Aufsatz, sondern um einige Passagen über den Expressionismus, die in Yu Dafus Schriften zwischen 1923 und 1931 zu finden sind. Die Zusammenstellung und die deutsche Übersetzung sind von mir gemacht worden.

95

Oktober 1929, S.1-12

1929 Liu Dajie: Tollers Theaterstücke und die
                           Arbeiterfrage, in: ders.: Die
                           Dohle, Aufklärung-Verlag, Shanghai
                           1934, S.21-32 (3.Auflage)

1929 Liu Dajie: Die Tendenzen der deutschen
                           Literatur und Kunst nach dem
                           Krieg, in: ebd., S.39-63

§ Zu Song Chunfang (1892-1939)[4]

Der Literaturkritiker und Übersetzer Song Chunfang, der sich vornehmlich auf
die westliche Dramatik spezialisierte, schrieb im Jahr 1918 einen Aufsatz "Über
weltberühmte Schauspiele". Dabei stellte er eine Liste von 100 Theaterstücken
auf, die er für repräsentativ hielt. Davon waren 21 englische, 20 französische,
16 deutsche, 16 skandinavische, 9 italienische, 6 russische, 5 spanische, 5
belgische Schauspiele, 1 polnisches und 1 indisches Schauspiel. Unter den
deutschen Werken waren 3 Schauspiele von G. Hauptmann, 5 von Sudermann,
1 von Hofmannsthal, 2 von Wedekind, 2 von Schnitzler, 1 von Hirschfeld, 1 von
Halbe und 1 von Hartleben.[5]

Zwei Jahre danach legte Song Chunfang eine neue Auswahl vor, die insgesamt
aus 36 Stücken bestand. In dieser Auswahl besaßen die deutschen Werke (20)
die absolute Mehrheit, der Löwenanteil (15) stammte aus der Feder der
deutschen expressionistischen Dramatiker. Es ging um folgende Autoren und
Werke:
1) von den Expressionisten:
    G. Kaiser: Die Koralle, Gas, Von morgens bis mitternachts,
        Hölle, Weg, Erde;
    F. v. Unruh: Ein Geschlecht, Offiziere;

[4] Der kurze Bericht über ihn und seine Werke findet sich in J. Schyns (1948, S.90/429).
[5] Von den Schauspielen deutscher Autoren waren es folgende: Die Weber, Der Biberpelz, Die
versunkene Glocke von G. Hauptmann; Erde, Magda, Morituri, Es lebe das Leben, Johanisfeier
von Sudermann; Elektra von Hofmannsthal; Frühlings Erwachen, König Nicolo oder So ist das
Leben von Wedekind; Anatol und Liebelei von Schnitzler; Die Mütter von Hirschfeld; Jugend von
Halbe und Rosenmontag von Hartleben.(Diese Liste war zunächst am 15.Oktober 1918 unter
dem Titel "Repertorium: 100 weltberühmte Schauspiele der Gegenwart" in der Zeitschrift "Neue
Jugend" Nr.4 erschienen.)

H. Johst: Der Einsame;

P. Kornfeld: Himmel und Hölle, Die Verführung;

R. Goering: Seeschlacht;

R. J. Sorge: Der Bettler;

H. Mann: Madame Legros;

W. Hasenclever: Der Sohn;

2) von den Nichtexpressionisten:

A. Schnitzler: Reigen;

F. Wedekind: Erdgeist;

H. Schönherr: Erde, Glaube und Heimat;

C. Hauptmann: Die Austreibung.

Aus seiner zweifachen Auswahl ist es ersichtlich, a) daß Song Chunfang Ernst Toller noch nicht kannte.(Später aber wurde der Name Tollers als einer der beliebtesten deutschen expressionistischen Dramatiker in der chinesischen Literaturkritik öfters erwähnt.) b) daß Song Chunfang die Erfolge der deutschen Expressionisten bewunderte und die Stellung der deutschen expressionistischen Dramen auf den Weltbühnen als wichtig betrachtete.

Eine kritische Stellungnahme zum Expressionismus zeigte Song Chunfang im Aufsatz "Schauspiele der deutschen expressionistischen Schule". Auf der einen Seite hob er die deutschen expressionistischen Theaterstücke als "einzigartig"[6] in der Literaturgeschichte hervor. Er schenkte G. Kaiser seine Neigung, indem er in seinem Artikel drei Werke von G. Kaiser, nämlich "Die Koralle", "Gas" und "Von morgens bis mitternachts" nachdrücklich empfahl. G. Kaiser wurde von Song als "Führer der Expressionisten" bezeichnet.[7] Andererseits meinte er, daß die Expressionisten danach streben wollten, die bestehende schlechte Welt in eine ideale Welt umzuwandeln; daß sie aber keine genaue Vorstellung hätten, auf welche konkrete Weise dies zu verwirklichen sei. Von der Kunstfertigkeit ausgehend kritisierte er an den expressionistischen Dramen, daß sie dem Publikum kein logisches Bild, sondern nur Konfusion zu bieten vermochten.[8]

Erwähnenswert ist noch, daß Song Chunfang bei der Übersetzung von Dramen nicht nach Hasenclevers bestem Stück "Der Sohn" griff, sondern "Die Menschen" aussuchte. Er wies zwar auf die künstlerischen Gründe hin, die ihn

---

[6] Siehe Song Chunfang, a.a.O., S.82.

[7] Ebd., S.306.

[8] Vgl. ebd., S.82.

zu dieser Entscheidung führten,[9] aber sehr wahrscheinlich ging es darum, daß er das Drama "Der Sohn" aus ethischen Gründen nicht zu übersetzen wagte. In den konfuzianischen ethischen Vorstellungen war die sogenannte kindliche Pietät (xiao) eine der unantastbaren Tugenden. Der Vatermord im Drama Hasenclevers, den der Sohn begangen hatte, war für das chinesische Verhältnis von damals absolut nicht nachvollziehbar. Es galt als ein ungeheuerliches moralisches Vergehen, so daß es niemand in China wagen konnte, dieses Thema in irgendein literarisches Werk zu bringen oder auf der Bühne zu inszenieren.

§ Zu You Xiong [10]

Der sehr bekannte expressionistische Ausspruch:"Kunst ist Gabe, nicht Wiedergabe" wurde zum ersten Mal in dem kurzen Artikel "Expressionistische Kunst" von You Xiong ins Chinesische übersetzt. Wenn seine chinesische Übersetzung in deutsch wiedergegeben werden darf, soll sie so heißen:"Die Kunst ist ein Ausdruck ohne Reproduktion"(Yishu shi fei zaixian de biaoxian). Dieser Ausspruch ist ein Wortspiel und deswegen schwer zu übersetzen. Trotzdem hat er nach Yous Übersetzung in China großen Einfluß gewonnen. Er gilt sogar heute noch als Ausgangspunkt, wenn man auf den Expressionismus eingeht, Es war ein offensichtliches Mißverständnis, daß You dieses Wort Prof. Franz Landsberger zuschrieb, der ein Essay mit dem Titel "Die neue Stellung zur Natur" in dem Buch "Impressionismus und Expressionismus" veröffentlichte, obwohl es ursprünglich vom deutschen Theoretiker der expressionistischen "Wortkunst" Herwarth Walden stammte.[11]

Ein Zitat aus dem Essay von F. Landsberger lautet:

"[...]die Naturwiedergabe unterwirft den Künstler der Außenwelt, anstatt ihn seinem inneren Drang folgen zu lassen; er muß Formen und Farben setzen, nicht wie es ihm aus der Seele quillt oder für die Ökonomie des Bildganzen an dieser Stelle als notdwendig erscheint, sondern wie es der dargestellte Gegenstand gerade erfordert. So wird er zum Sklaven, wo er in Freiheit herrschen sollte. Darum fort mit

---

[9] Vgl. ebd., S.84ff.
[10] You Xiong ist eigentlich ein unbekanntes Pseudonym und seine biographische Angabe ist deswegen schwer zu finden.
[11] Vgl. F. Landsberger (1920, S.29).

jeder Naturnachahmung, fort mit der Perspektive, die uns den Raum verspiegelt; solcher Fälscherkünste bedarf die Kunst nicht. Ihre Wahrheit ist nicht Übereinstimmung mit der Außenwelt, sondern Übereinstimmung mit der Innenwelt des Künstlers[...]"[12]

You Xiong versucht, diese Passage zu paraphrasieren, indem er auf der Grundlage seines Verständnises folgendes formuliert:

"[...]die Wiedergabe der Wirklichkeit zwingt den Künstler, das innere Erleben auszuschalten und sich der Außenwelt, d.h. der Natur, anzupassen, indem er sich ihr unterordnet. Der Künstler soll die Natur nicht nachahmen, er soll keine Perspektive verwenden, die auf einer falschen Raumerkenntnis beruht. Durch diese Methode nämlich wird eine falsche Kunst geschaffen. Die wahre Kunst erstrebt nicht die Übereinstimmung mit der Außenwelt, sondern mit der Innenwelt des Künstlers. [...]Das Ziel des impressionistischen Künstlers ist es, sich der Natur vollkommen unterzuordnen, aber der expressionistische Künstler muß, um seine innere Welt ausdrücken zu können, die Natur überwinden, sich diese unterordnen, sie zerschlagen und aus den zerschlagenen Stücken der Natur das eigene Kunstwerk bilden".[13]

Aus den oben angeführten Zitaten kann man schon ersehen, daß You Xiong den Expressionismus etwas anders als Landsberger begriffen hat. Doch ganz offenkundig war er von der expressionistischen Ausdrucksform so begeistert, daß er keine kritische Haltung einnahm. Nicht nur You Xiong, sondern fast die ganze Generation der 4.Mai-Bewegung waren dadurch gekennzeichnet, daß sie sich in jeder Hinsicht Veränderungen der alten Formen erwarteten, um ihr endgültiges Ziel der gesellschaftlichen Veränderung zu erreichen. Der Ikonoklasmus sollte als ein Kennzeichen vielleicht nicht nur für die 4.Mai-Bewegung, sondern auch für die expressionistische Bewegung gelten.

---

12 Siehe F. Landsberger, (1920, S.28-29).
13 Siehe You Xiong, a.a.O., S.83. Die deutsche Übersetzung von M. Gálik (M. Gálik, 1969, S.41).

§ Zu Zhang Kebiao (1900-)[14]

In einem 1923 erschienenen Artikel "Über das deutsche expressionistische Drama" bezeichnete Zhang Kebiao den Expressionismus als die "kühnste literarische Revolution in der Geschichte des Theaters".[15] Er sah in den Expressionisten Künstler, die nach ihren eigenen Vorstellungen ihr inneres Ich, die Natur, die Umgestaltung der Wirklichkeit zum Ausdruck bringen wollten. Er sah sie als Menschen an, die an den künstlerischen Ausdruck glaubten und sich gegen jede Form von reiner Nachahmung wehrten.

§ Zu Mao Dun (1896-1981)[16]

Mao Dun, einer der bekanntesten Schriftsteller und Literaturkritiker Chinas, schrieb im Jahre 1923 einen kurzen Artikel "Junge deutsche Literatur - vom Expressioninmus zur proletarischen Literatur und Kunst", den er 1929 veröffentlichte. In dem Artikel schätzte er das dramatische Werk Tollers sehr hoch ein, während er G. Kaiser relativ kurz behandelte und W. Hasenclever, H. Mann, K. Edschmid und J. R. Becher nur erwähnte.

Im Jahre 1929 schrieb Mao Dun unter dem Pseudonym Fang Bi noch ein Buch mit dem Titel "Entwurf über die westliche Literatur", das eigentlich ein Vortrag war und 1930 in Shanghai herausgegeben wurde. In diesem Buch, wie in seinem Artikel sechs Jahre zuvor hob er die Dramen Tollers und das Drama Kaisers "Die Bürger von Calais" hervor.[17] Zugleich stimmte Mao Dun mit Hasenclever nicht überein, der in den Schauspielen "Der Sohn" und "Die Menschen" zunächst das sündige Gesicht der Menschen präsentiert und dann die gegenseitige Liebe als ein Mittel der Rechtfertigung verkündet hatte.[18] Außerdem verurteilte er die Theaterstücke Kokoschkas wegen ihrer Unverständlichkeit.[19] Im übrigen bemerkte er noch folgendes zum Expressionismus: Der Expressionismus sei der Ausdruck eines psychischen Zustandes, wie es ihn auch in der Zeit der Renaissance gegeben habe. Der Expressionismus sollte die Verkörperung eines inneren schöpferischen Strebens

---

[14] Der kurze Bericht über ihn und seine Werke findet sich in J. Schyns (1948, S.6/136).
[15] Siehe Zhang Kebiao, a.a.O., S.93.
[16] Die Berichte über seine Laufbahn und Werke finden sich in W. Bartke (1985, S.170-173), J. Schyns (1948, S.79ff.), W. Kubin (1985, S.262/479), M. Gálik (1980, S.191ff.).
[17] Vgl. Fang Bi, a.a.O., S.268-270/276-277.
[18] Vgl. ebd., S.276.
[19] Vgl. ebd., S.273-274.

sein, das von Hoffnungslosigkeit getragen werde. Deswegen habe der Expressionismus in Deutschland nach dem Ersten Weltkrieg Eingang gefunden.

Mao Duns Meinung nach haben die deutschen Expressionisten die damalige Gesellschaft heftig kritisiert, angeklagt und verflucht. Sie sind jedoch nie pessimistisch gewesen. Im Gegenteil, typisch war für sie eine selbstbewußte und prophetische Haltung. In ihren Augen sollte der Künstler ein besonderer Mensch sein, ein Mensch mit einem reicheren Gefühls- und Gedankenpotential, der mehr sieht und hört als die anderen. Die deutschen Expressionisten wollten Propheten Deutschlands werden. Sie haben versucht, ihrem leidenden Volk und ihrem durch den Krieg zerstörten Vaterland den Ausweg aus einer scheinbar ausweglosen Situation zu zeigen.

Mao Dun sah bereits zu jener Zeit im Expressionismus nicht nur eine Kunstform, sondern auch ein wirkungsvolles Mittel zum Zweck der politisch-gesellschaftlichen Veränderung. Von diesem Gesichtspunkt aus schrieb er, als er "Die Bürger von Calais" besprach:"Hier hat G. Kaiser den Sieg des Geistes besungen. Vor diesem großen Geist hat sich auch die bewaffnete Machte der Kämpfer vermindert und sie blieben machtlos."[20] Als er dann weitere Schauspiele analysierte, behauptete er, daß sich G. Kaiser verändert und diesen Geist verlassen hätte.[21]

Wie wir aus dem vorangegangenen Abschnitt erkennen können, hat Mao Dun ähnlich wie Song Chunfang, eine kritische Stellungnahme zum Expressionismus eingenommen, dabei handelt es sich vor allem um die künstlerische Form und Gedankenbotschaft der expressionistischen Werke, beispielsweise haben sie alle den expressionistischen Dramen Vorwürfe wegen mangelnder Logik und Verständlichkeit gemacht. Ein Unterschied zwischen ihnen aber besteht darin, daß Mao Dun mehr als Song Chunfang die Gedankenwelt und die gesellschaftliche Bedeutung der expressionistischen Werke beobachtet hat. Gerade in diesem Punkt unterscheidet sich die Haltung der beiden vollkommen, Mao Dun nimmt eine radikale Haltung und Song Chunfang eine zurückhaltende ein.

---

[20] Siehe ebd., S.270. Die deutsche Übersetzung von M. Gálik (M. Gálik, 1969, S.52).
[21] Vgl. ebd., S.270-271.

§ Zu Yu Dafu (1896-1945)[22]

Obwohl der bekannte Schriftsteller und Literaturkritiker Yu Dafu nicht extra ein Buch oder einen Artikel über den Expressionismus veröffentlicht hat, hat er sich doch im Zeitraum 1923-1931 in verschiedenen Publikationen mit diesem Thema befaßt. In seinem Aufsatz "Klassenkampf in der Literatur"[23], der 1923 in der Wochenschrift "Schöpfung" Nr.3 erschienen war, gibt es einen Abschnitt, der folgenders besagt:

"Deutschland ist die Wiege des Expressionismus. Daß die deutschen expressionistischen Literaten leidenschaftlich und heftig der Gesellschaft entgegentreten und ganz konkret die bestehende Gesellschaft von Grund auf verändern wollen, können wir aus jedem Werk von ihnen erkennen. Obwohl es in der literarischen Welt noch einige verkalkte Köpfe wie Hermann Bahr u.a. gibt, die noch immer am veralteten Kanon festhalten, geht der unduldsame Trend doch bereits zu den jungen Dichtern wie Max Barthel, Franz Werfel, Reinhard Goering u.a.. Da diese jungen Literaten in der Praxis einen Kampf mit den bestehenden Klassen führen, beziehen fast alle ihre Dichtungen ihren Stoff aus der Widerspiegelung des Klassenkampfes. So stellt zum Beispiel das Drama >Die Bürger von Calais< von G. Kaiser den Kampf zwischen Gerechtigkeit und Willkür dar. Im Trauerspiel >Ein Geschlecht< von F. v. Unruh zeigt sich die Konfrontation der Mutter mit dem Sohn. Das hervorragende Stück >Der Sohn< von W. Hasenslever schildert den Konflikt zwischen Vater und Sohn. Außerdem zählen auch Dramen wie >Die Wandlung< und >Die Maschinenstürmer< von E. Toller zu der Literatur, die den Klassenkampf zum Inhalt hat."[24]

Im Vergleich mit Song Chunfang und Mao Dun legt Yu Dafu den Akzent auf den Klassenkampf, durch den die deutschen Expressionisten und ihre Werke charakterisiert werden. Aber hier taucht eine interessante Frage auf: Warum bleibt Yu Dafu dem österreichischen Kunstkritiker H. Bahr abgeneigt? Bahr war ein bedeutender Vertreter derjenigen, die in Goethe ein Vorbild der modernen

---

[22] Die Berichte über seine Laufbahn und Werke finden sich in W. Bartke (1985, S.282-284), J. Schyns (1948, S.113ff.), W. Kubin (1985, S.201ff./487ff.) und M. Gálik (1980, S.104ff.).
[23] Dieser Aufsatz findet sich in Yu Dafu Werke Bd.5, Hongkong u. Guangzhou 1982, S.134-140.
[24] Yu Dafu Werke Bd.5, 1982, S.138ff.

expressionistischen Bewegung sahen. Er glaubt, dem literarischen Ideal Goethes zu folgen und daß sein eigenes mit diesem identisch sei. Sein Buch "Expressionismus" wurde von den chinesischen Kritikern der 20er Jahre oft erwähnt und war eine der wichtigsten Quellen der chinesischen expressionistisch orientierten Kritik. Es ist recht erstaunlich, daß Yu Dafu Bahrs Überzeugung als "am veralteten Kanon festhaltend" bezeichnet. Wenn wir auf Yus Einstellung zur europäischen Literatur eingehen, können wir überall in seinen Schriften spüren, daß er sich für Goethe begeistert.

Im Jahre 1926, drei Jahre nach Mao Duns Artikel, in dem er behauptete, daß die Blütezeit des Expressionismus vergangen sei, verfaßte Yu Dafu eine "Abhandlung über Dramatik"[25], in der er seine große Hoffnung auf die weitere Entwicklung der expressionistischen Dramen setzte. Er schrieb:

"Nach dem Ersten Weltkrieg haben demokratische Ideen weltweit immer mehr Verbreitung gefunden. Auch die expressionistischen Schriftsteller haben sich in Deutschland unerwartet erhoben, um die Bewegung des neuen Theaters nach Yeats (Irland) u.a. unmittelbar fortzusetzen. Seit der Revolution ist die russische Literatur bzw. Kunst in jeder Hinsicht welk und schlaff geworden, nur allein für die Förderung des Schauspiels setzt man alle Kräfte ein. Die weitere Entwicklung des Theaters hängt davon ab, welche Beiträge diese beiden Völker nach dem katastrophalen Krieg leisten können."[26]

Im Gegensatz zum expressionistischen Theater zeigte sich Yu Dafu in seiner "Abhandlung über Erzählkunst"[27] enttäuscht über die expressionistischen Erzählungen:"[...] Die nach dem Krieg entstehenden expressionistischen Erzählungen nehmen nun kaum Einfluß auf die Weltliteratur."[28] Doch sein großes Interesse für die Erzähltechnik des Expressionismus und der anderen modernen Stilarten bewies er im Manuskript "Über die Erzählung" für den "Vortrag über Literatur und Kunst"[29]:

"Es ist die neue Erzähltechnik, die den Atem der modernen Menschen, das Panorama und den Rhythmus des modernen Lebens in der

---

[25] Ebd., S.37-64.
[26] Ebd., S.53.
[27] Ebd., S.1-36.
[28] Ebd., S.14.
[29] Yu Dafu Werke Bd.6, 1982, S.83-87.

Literatur so stark wie möglich zu verdichten versucht. Ein ganz einfaches Beispiel dafür ist die Technik des Neo-Sensualismus[30], des Expressionismus und der psychoanalytischen Stilart. Der Aufbau muß unbedingt originell und neuartig sein, ohne alles Überflüssige. Die Satzbildung muß möglichst klar, lebhaft und dynamisch sein. Die Darstellung muß schlüssig sein und zum Nachdenken anregen. Egal welchen Abschnitt oder Satz, wenn man nachlässig liest, findet man selten Geschmack daran. Man muß seinen Kopf anstrengen und lange darüber nachdenken, dann kann man erst seine Stärke erfassen und seine ursprüngliche Idee herausfinden. Solche Schriften sind sicherlich weder bedeutungsloses Wortspiel noch Nachahmung der früheren Generation des Technizismus, die lediglich die Oberfläche gefeilt und poliert hat. Sie alle haben ihre Hintergründe und ihren tieferen Sinn."[31]

Als Berater beteiligte sich Yu Dafu an einer Diskussion über eine Auswahl von 100 ausländischen literarischen Werken, die der China-Verlag für ein Übersetzungsprojekt vorbereitete. Er stellte seine Vorschläge schließlich zu einem Aufsatz "Übersicht über die deutsche Literatur nach Goethe"[32] zusammen und publizierte ihn Oktober 1930 in der Zeitschrift "Moderne Literaturkritik" . In der Auswahl gab es 24 Werke von 11 deutschen Autoren[33], davon waren zwei Expressionisten, nämlich G. Kaiser und E. Toller. Zu diesen beiden und ihren Werken schrieb Yu folgendes:

">Die Bürger von Calais< und >Von morgens bis mitternachts< sind eigentlich zwei sehr gute Dramen des expressionistischen Schriftstellers. Wenn man aber in Erwägung zieht, einige

30 Der von mir übersetzte Begriff "Neo-Sensualismus" bezeichnet eine moderne Literaturströmung, die sich 1924-1927 in Japan entwickelte. Die Hauptvertreter dieser literarischen Richtung waren der bekannte japanische Schriftsteller Yokomitsu Riichi (1898-1947) und der Nobelpreisträger Kawabata Yasunari (1899-1972).
31 Yu Dafu Werke Bd. 6, 1982, S.86.
32 Ebd., S.88-94.
33 Es geht um Faust, Gedichte, Wilhelm Meister von Goethe; Die Weber, Die versunkene Glocke, Einsame Menschen von G. Hauptmann; Buch der Lieder von Heine; Die Bürger von Calais, Von morgens bis mitternachts von Kaiser; Käthchen von Heilbronn, Prinz Friedrich von Homburg von Kleist; Also sprach Zarathustra von Nietzsche; Maria Stuart, Die Jungfrau von Orleans, Die Braut von Messina, Wilhelm Tell von Schiller; Liebelei, Reigen, Frau Berta Garlan von Schnitzler; Die Heimat, Frau Sorge von Sudermann; Die Maschinenstürmer von Toller und Frühlings Erwachen, Erdgeist von Wedekind. (Außerdem hat Yu Dafu die Werke von F. Hebbel, G. Keller, Thomas Mann und J. Wassermann zur Auswahl zusätzlich empfohlen und die Namen Grillparzer, Freytag, Hofmannsthal, Döblin, Brod und H. Mann am Schluß des Aufsatzes erwähnt.)

expressionistische Theaterstücke in einem Sammelband herauszugeben, kann man möglicherweise >Die Bürger von Calais< weglassen, und dafür außer dem unten erwähnten >Die Maschinenstürmer< von E. Toller noch einige Stücke von Carl Sternheim hinzufügen, damit eine Sammlung expressionistischer Dramen entsteht. [...] Die Werke Tollers zählen zu den bedeutendsten und kraftvollsten Werken expressionistischer Schriftsteller. Es lohnt sich wirklich, seine weiteren Stücke wie >Die Wandlung< u.a. auch übersetzen zu lassen."[34]

Übrigens bezeichnete Yu Dafu F. Wedekind als "Vorläufer des Expressionismus". Dazu bemerkte er:"F. Wedekind ist ein Dramatiker, der sich mit der Thematik Sexualität wagemutig befaßt, so daß sogenannte anständige Gentlemen wahrscheinlich seine Werke ablehnen werden. Aber was die originellen und exzeptionellen Charakterzüge seines Werks anbelangt, so kann er tatsächlich als Vorläufer des modernen deutschen Expressionismus angesehen werden."[35] Es wird besonders darauf hingewiesen, daß wir dort, wo Yu Dafus Begeisterung von Wedekinds Thematik Sexualität zutage tritt, zufälligerweise eine ergänzende Erklärung zu solcher Auffassung entdecken:"Es konnte nicht ausbleiben, daß auf der anderen Seite die Hüter der konfuzianischen Moral Yu Dafus Erzählungen als pornographisch klassifizierten."[36] Da das Kunstwerk mit dem Thema Sexualität und die Pornographie in China häufig in einen Topf geworfen wurden und werden, sind wir daher berechtigt, unter Yu Dafus Anerkennung von Wedekind auch die Rechtfertigung der eigenen Arbeit zu verstehen.

§ Zu Yu Jifan[37]

Yu Jifans Arbeit "Kurze Geschichte des Expressionismus" wurde praktisch auf Grund des 12. Kapitels des Buches von Max Osborn "Geschichte der Kunst" ohne jede kritische Spur abgefaßt, deshalb hat sie wenig mit der Auseinandersetzung des deutschen Expressionismus in China zu tun. Durch diese Arbeit wissen wir aber wenigstens, daß Osborns Buch bereits damals in China bekannt war.

---

[34] Yu Dafu Werke Bd.6,1982, S.90/92.
[35] Ebd., S.92ff.
[36] Siehe W. Bartke (1985, S.282).
[37] Keine biographische Angabe.

§ Zu Lin Yutang (1895-1976)[38]

Lin Yutang, der moderne Schriftsteller, Übersetzer und Professor für Anglistik war ein chinesischer Augenzeuge, der die Spätzeit der expressionistischen Bewegung in Deutschland erlebte, wo er 1921-1923 an den Universitäten Jena und Leipzig Philologie studierte und über das Thema "Altchinesische Lautlehre" promovierte.

Im Oktober 1929 veröffentlichte er in der Zeitschrift "Wortspinnerei" ein interessantes Essay "Prolog zur neuen Literaturkritik", in dem er einige moderne westliche Schulen der Literaturkritik mit klassischer chinesischer Literaturtheorie verglich. Scheinbar vertrat er die literarische Doktrin des Expressionismus, die seiner Ansicht nach den literarischen Auffassung des chinesischen Lyrikers und Literaturtheoretikers Yuan Mei (1716-1797)[39] ähnelte. Weiterhin wies er noch auf die Abwesenheit einer systematischen Theorie der Literaturkritik in China hin.

§ Zu Liu Dajie (1904-1977)[40]

In der Sammlung "Die Dohle", die der Literaturhistoriker Liu Dajie 1929 publiziert hat, gibt es zwei Aufsätze über den deutschen Expressionismus.

In dem ersten Aufsatz "Tollers Theaterstücke und die Arbeiterfrage" hat Liu Dajie ebenso wie Mao Dun und Yu Dafu Tollers Werke in hohem Grade gewürdigt, wenn auch aus andren Überlegungen heraus. Er sah in Toller den einzigen Expressionisten, der sich am revolutionären Kampf beteiligte und auf Grund seiner revolutionären Erfahrungen seine Werke schuf.[41] Er war von der Liebe zur Menschheit in Tollers Stücken, besonders in "Die Wandlung" stark berührt.[42] Liu Dajie hatte früher bei Yu Dafu studiert und stand auch später Yu noch sehr nahe.[43] Einerseits stimmte er mit Tollers Auffassung von der

---

[38] Die Angaben über seine Laufbahn und Werke finden sich in W. Bartke (1985, S.146-148) und J. Schyns (1948, S.66ff.).
[39] Es gibt einen ausführlichen Bericht über ihn in der "Großen Chinesischen Enzyklopädie, Buch "Chinesische Literatur" Bd.II., Peking u. Shanghai 1986, S.1209-1211.
[40] Der kurze Bericht über sein Leben und Werk ist in J. Schyns (1948, S.68-69/243-244/317/360-362).
[41] Vgl. Liu Dajie, a.a.O., S.22.
[42] Vgl. ebd., S.26.
[43] Vgl. J. Schyns (1948, S.68).

Revolution, in der nicht der Klassenkampf, sondern die Liebe zur Menschheit das wichtigste Mittel sein soll, überein. Diese Auffassung war jedoch nicht die Yu Dafus. Andererseits war seine Ansicht identisch mit der Yus, nämlich daß Tollers Werk eine Widerspiegelung der revolutionären Wirklichkeit sei.[44]

In seinem zweiten Aufsatz "Die Tendenzen der deutschen Literatur und Kunst nach dem Krieg" hat Liu Dajie über die Entwicklung der deutschen expressionistischen Bewegung ausführlich berichtet. Die Werke von jungen Expressionisten wie "Der Bettler" von R. Sorge, "Die Bürger von Calais" von G. Kaiser, "Der Sohn" von W. Hasenclever, "Die Schlacht " von R. Goering, "Ein Geschlecht" von F. v. Unruh wurden von Liu Dajie erwähnt und gepriesen. In diesem Aufsetz erfahren wir noch, daß Liu Dajie den Vortrag Kasimir Edschmids "Über den Expressionismus" aus dem Jahre 1917 gut kannte.[45] Er hat ihn nur zweimal zitiert, doch scheint es, daß die Ideen aus diesem Vortrag Liu Dajie tief beeindruckt haben. Eines der Zitate lautet:"Die Welt ist da. Es wäre sinnlos, sie zu wiederholen. Sie ist im letzten Zucken, im eigentlichsten Kern aufzusuchen und neu zu schaffen, das ist die größte Aufgabe der Kunst."[46] Liu Dajie befürwortete die expressionistische Bewegung im Zusammenhang mit ihrer künstlerischen Richtung, nicht aber mit ihrer politischen Tendenz. Er übernahm anscheinend Edschmids Gedanke und sah im Expressionismus ein Bestreben um "die geistige Erneuerung der Menschheit", um die Schöpfung einer idealen Welt.[47]

Aus der oben angeführten Darstellung kann das folgende Fazit gezogen werden: Der deutsche Expressionismus fand in den 20er und 30er Jahren in China eine unterschiedliche Aufnahme. Begeistert wurde er von You Xiong und Liu Dajie hauptsächlich von seiner künstlerischen Seite her aufgenommen. Mao Dun und Yu Dafu bewunderten ihn vor allem aus politischen Überlegungen, wenn sie ihm auch Aufmerksamkeit auf der technischen Ebene schenkten. Song Chunfang stand dem Expressionismus teils kritisch teils zurückhaltend gegenüber. Zhang Kebiao und Yu Jifan stellten ihn vor, ohne Zeugnisse einer kritischen Stellungnahme zu hinterlassen. Lin Yutang wollte von ihm in Verbindung mit der chinesischen Klassik profitieren. Aber in allen Fällen war die allgemeine Auswertung der Texte zum Expressionismus eher positiv als negativ.

---

[44] Vgl. Liu Dajie, ebd., S.32.
[45] Vgl. ebd, S.39-63.
[46] Siehe K. Edschmid (1921, S.56-57).
[47] Vgl. Liu Dajie, a.a.O., S.39 und K. Edschmid (1921, S.52).

III. Die politische und literarische Bewertung des Expressionismus in der Volksrepublik China von 1949 bis zur Gegenwart

Wenn man sagen darf, daß eine der Gemeinsamkeiten zwischen der expressionistischen Bewegung und der 4. Mai-Bewegung in der Forderung nach politisch-gesellschaftlicher Veränderung besteht, so ist diese Forderung 1949 durch die Gründung der Volksrepublik in China realisiert worden. Die Frage ist, was diese drastische Veränderung in der Landschaft der chinesischen Literatur- und Kunstkritik gebracht hat.

Unter der Parole "Auf einer Seite stehen", d.h. auf der Seite der Sowjetunion, beruht die politische Richtlinie der VR China in den 50er Jahren vorbehaltlos auf dem sowjetischen Kommunismus. Diese einseitige politische Orientierung beherrschte auch die chinesische Literaturwelt. Ein repräsentatives Beispiel ist die Meinung von He Shangzhou, der in seinem Buch "Die Geschichte der modernen Literatur Chinas" schreibt:

"Von dem progressiven Literaturschaffen aller Welt haben die russische Literatur seit dem 19. Jahrhundert und besonders die Literatur der UdSSR, die die fortschrittlichste Literatur in der Welt vertritt, auf die moderne chinesische Literatur unermeßlichen Einfluß ausgeübt. [...] Sie haben die moderne chinesische Literatur auf die rechte Bahn des revolutionären sozialistischen Realismus gebracht."[48]

Vor solchem politischen Hintergrund ist der Expressionismus in der VR China folgerichtig in Mißkredit geraten. Es gibt in der Öffentlichkeit keine wissenschaftlichen Debatten und Beiträge über den Expressionismus mehr. Die expressionistischen Werke sind aus den Publikationen spurlos verschwunden. Nur gelegentlich taucht der Begriff Expressionismus als eine literaturhistorische Erscheinung in wenigen Lehrbüchern und Nachschlagwerken auf, in denen meistens Georg Lukács' Einstellung dazu vorherrscht. Im Unterschied zu den osteuropäischen Ländern wurde B. Brechts Haltung gegenüber dem Expressionismus in der VR China völlig ignoriert, obwohl seine Theaterstücke und Theorien bei den chinesischen Literaten seit eh und je sehr beliebt waren.

---

[48] He Shangzhou, Die Geschichte der modernen Literatur Chinas, Bd.I, Jilin 1957, S.21.

108

G. Lukács war der Auffassung:

"Der Expressionismus als schriftstellerische Ausdrucksform des entwickelten Imperialismus beruht auf einer irrationalistisch-mythologischen Grundlage; seine schöpferische Methode geht in die Richtung des pathetischleeren, deklamatorischen Manifestes, der Proklamierung eines Scheinaktivismus. Er hat also eine ganze Reihe von westlichen Zügen, die die faschistische Literaturtheorie, ohne ihnen oder sich selber einen Zwang anzutun, annehmen konnte. [...] Die Tatsache, daß die Faschisten - mit einem gewissen Recht - im Expressionismus ein für sie brauchbares Erbe erblicken, macht den Grabstein des Expressionismus nur noch lastender. [...]denn der Expressionismus ist zweifellos nur eine von den vielen bürgerlich-ideologischen Strömungen, die später im Faschismus münden[...]"[49]

Im Buch "Einführung in die Literatur- und Kunstwissenschaft" von Literaturkritiker Cai Yi findet sich eine ähnliche Auffassung:"Es sind sog. Symbolismus, Expressionismus sowie der Surrealismus, egal welche Bezeichnungen diese Ismen auch immer haben, der dekadente Charakter liegt in ihrem Wesenszug."[50] Diese Formulierung stammt aus dem Jahre 1959 und wurde in der verbesserten Auflage vom Jahre 1979 unverändert beibehalten.

In den 60er und 70er Jahren, nach dem Abbruch der Beziehungen zwischen der UdSSR und der VR China, wurde die maoistische Kulturpolitik beherrschend. Diese Politik, deren Umriß sich eigentlich bereits in den 40er Jahren bildet,[51] basiert teilweise auf dem chinesischen Nationalismus und teilweise auf dem Marxismus-Leninismus. Mao Tse-tung (1893-1976) hat darauf hingewiesen:

"Die neudemokratische Kultur ist national. Sie ist gegen imperialistische Unterdrückung gerichtet und verficht die Würde und Unabhängigkeit der chinesischen Nation. Sie gehört unserer Nation und trägt unsere nationalen Züge. [...] sie kann sich keineswegs mit der reaktionären imperialistischen Kultur welcher Nation verbinden,

---

49 Siehe G. Lukács Werke Bd.4, Neuwied u. Berlin 1971, S.146/148/121.
50 Cai Yi, Einführung in die Literatur- und Kunstwissenschaft, Peking 1979, S.266.
51 Es bezieht sich auf einige richtungsweisende Schriften und Reden, die Mao Tse-tung zu Beginn der 40er Jahre für die Disziplinierung der KP Chinas veröffentlicht hat, nämlich "Über die neue Demokratie" (1940), "Rede bei der Aussprache in Yan'an über Literatur und Kunst" (1942) u.a..

denn unsere Kultur soll eine revolutionäre nationale Kultur sein. [...] In der langen Periode des Bestehens der Feudalgesellschaft in China wurde die glänzende Kultur der alten Zeit geschaffen, [...] wir müssen daher unsere Geschichte in Ehren halten, dürfen keineswegs das historische Band durchschneiden."[52]

"In der Welt von heute ist jede Kultur, jede Literatur und Kunst einer bestimmten Klasse zugehörig, einer bestimmten politischen Linie verpflichtet. Eine Kunst um der Kunst willen, eine über den Klassen stehende Kunst, eine Kunst, die parallel mit der Politik liefe oder unabhängig von dieser wäre, gibt es in Wirklichkeit nicht. Die proletarische Literatur und Kunst sind ein Teil der gesamten revolutionären Sache des Proletariats oder, wie Lenin sagte, "Rädchen und Schräubchen" des Gesamtmechanismus der Revolution."[53]

Nach den von Mao gesetzten Maßstäben ist der Expressionismus in China nicht annehmbar, weil er von seiner Herkunft nicht national, sondern imperialistisch-deutsch, von seiner Klassenzugehörigkeit her nicht proletarisch, sondern bürgerlich und von seiner künstlerischen Form her unverständlich ist.

Eine Gruppe von Hochschullehrern mit Yang Zhouhan an der Spitze verfaßte 1964-1965 ein zweibändiges Lehrbuch "Die Literaturgeschichte Europas". Im 2.Band, der wegen der Kulturrevolution (1966-1976) erst 1979 zum Abdruck gebracht wurde, übte diese Gruppe scharfe Kritik an der expressionistischen Literatur:

"Die expressionistische Literatur entstand bereits vor dem Ersten Weltkrieg. Sie entwickelte sich während des Krieges zur Hauptströmung der deutschen Literatur und breitete sich auf fast alle literarischen Gebiete aus. Der Expressionismus verwarf alle vorhandenen Formen und Konstruktionen des literarischen Schaffens und forderte die anarchistische Freiheit im literarischen Schaffen. [...] Ihre Werke sind inhaltlich abstrakt und ohne Sinn, deshalb sind sie nicht in der Lage, die komplizierten Gesellschaftsverhältnisse widerzuspiegeln."[54]

---

[52] Mao Tse-tung, (1968, Bd.II, S.444).
[53] Mao Tse-tung, (1968, Bd.III, S.95).
[54] Yang Zhouhan u.a., Literaturgeschichte Europas Bd.II, Peking 1979, S.314.

Im gängigsten chinesischen Lexikon "Cihai" - wörtlich zu deutsch "Meer der Begriffe" (1. Edition 1965), findet sich unter dem Stichwort "Expressionismus" folgende Erläuterung:

"Der Expressionismus ist eine bürgerliche Literatur- und Kunstströmung, die sich zu Beginn des 20. Jahrhunderts in Deutschland, Österreich, Nordeuropa und Rußland vornehmlich auf den Gebieten Malerei, Musik, Lyrik und Theater entwickelte. Die expressionistischen Künstler setzen der dunklen Realität des Kapitalismus einen blinden Widerstandsgeist entgegen. Sie betonen den Ausdruck eigener Wahrnehmung und subjektiver Gefühle. Sie versuchen, mit übertriebenen Formen, Gestalten und Farben ihre innere Frustration auszudrücken. Der Expressionismus findet die Wirklichkeit nur in der Subjektivität, negiert die objektive Wiedergabe aus der realen Welt und lehnt die Finalität der Kunst ab. Er ist der Widerhall der bürgerlichen Kulturkrise in der Zeit des Imperialismus."[55]

Diese Erläuterung wird in der neuen Auflage 1980 unverändert wiederholt und 1985 vom kleinen "Lexikon der Soziologie" mit großer Ähnlichkeit übertragen. Es heißt:"Der Expressionismus ist eine bürgerliche Literaturströmung. Er ist ein Abbild der Kulturkrise in der Zeit des Imperialismus."[56]

Die unterschiedlichen Beurteilungen des Expressionismus aus der Vergangenheit sind anscheinend vom Staub der Vergessenheit bedeckt. Doch die Neuauflage des Buches "Über die Strömungen der modernen chinesischen Literatur" (1985), das der Literaturkritiker Sun Xizhen 1948 veröffentlicht hat, ruft die Vorgänge ins Gedächtnis zurück. Ein Zitat daraus lautet:

"Verschiedenartige Ismen wie der Futurismus, Expressionismus, Dadaismus, Existentialismus, Surrealismus u.a. drangen nach China ein und wurden zu einer reaktionären Strömung, die man nicht außer acht lassen darf."[57]

---

[55] Lexikon "Cihai", Shanghai 1980, S.1221.
[56] Lexikon der Soziologie, Shanghai 1985.
[57] Sun Xizhen, Über die Strömungen der modernen chinesischen Literatur, Peking 1985, S.2.

Das Ende der Kulturrevolution bedeutet eine Wende in vielen Bereichen. Seit der Durchführung der Öffnungspolitik ist in der VR China vieles rehabilitiert oder neu bewertet worden. Die Beurteilung des Expressionismus bleibt aber nach wie vor. Seine Konnotation ist immer noch "dekadent", "reaktionär", "imperialistisch" usw.. Vor solch einfarbigen Kulissen sind einige jüngere Literaturwissenschaftler mit Vorsicht auf die Bühne der Literaturkritik getreten, um das starre Meinungsbild zu verändern. Yang Wuneng, ein erfolgreicher Germanist in China, hat den Versuch unternommen, den Expressionismus unparteiisch zu bewerten. Er hat 1980 die Erläuterung zum Begriff "Expressionismus" für das zweibändige Lexikon "Die ausländische Literatur", das ein Bestandteil der "Großen chinesischen Enzyklopädie" ist, geschrieben und somit seine neue Überlegung an die Öffentlichkeit gebracht:

"[...]Der Expressionismus als eine Bewegung dauerte nicht lange. Nachdem der Erste Weltkrieg die Träume der Jugend zerstört hatte, ging diese Bewegung schon ihrem Ende zu.[...] Der Expressionismus brachte die Mißstände und unlösbaren Widersprüche der kapitalistischen Gesellschaft an den Tag. Obwohl er nicht die wahre Ursache solcher Mißstände aufzeigen und die richtigen Lösungen zur Überwindung solcher Widersprüche finden konnte, vermochte er doch die Menschen zu erschüttern und zum Nachdenken anzuregen. Im Rahmen der Kunst unternahm er auch einen wertvollen Neuerungsversuch. Jedenfalls übte der Widerstandsgeist dieser Bewegung unmittelbaren und weitreichenden Einfluß auf die moderne Literatur, Musik, bildende Kunst, auf das Theater, Filmwesen und auf die anderen künstlerischen Gebiete aus."[58]

Es lohnt sich, noch einen Namen, nämlich Li Shixun aus Peking zu nennen, der Yang Wunengs Ansicht teilt. In seinem Aufsatz "Der Expressionismus" äußert sich Li Shixun:

"Der Expressionismus kann uns in vieler Hinsicht als Vorbild dienen. Darum dürfen wir ihn nicht pauschal verneinen, aber auch nicht blindlings anpreisen. Wir stehen vor der Aufgabe, die

---

[58] Große Chinesische Enzyklopädie, Buch: Ausländische Literatur Bd.I, Peking u. Shanghai 1982, S.144-145.

expressionistischen Autoren und deren Werke marxistisch dialektisch zu analysieren."[59]

Wie aus den oben angeführten Zitaten zu ersehen ist, läuft die neue Auseinandersetzung Chinas mit dem Expressionismus vorwiegend vor dem Hintergrund der marxistischen Ideologie.

IV. Zusammenfassung

Die Demütigung Chinas nach einer Reihe von Kriegsniederlagen[60] verschärfte die feindliche Stimmung gegenüber dem Westen seit der 2. Hälfte des 19. Jahrhunderts. Zugleich löste in China die Ausbreitung des westlichen Gedankengutes z.b. aus der Renaissance und der französischen Revolution und besonders des Marxismus die Auseinandersetzung mit der konfuzianischen Tradition aus. Nach dem Sturz der letzten kaiserlichen Dynastie 1911 war die junge Intelligenz Chinas, die sich radikal von den traditionellen Wertvorstellung zu lösen versuchte, von der Hoffnung auf eine Erneuerung des Landes erfüllt. Die 1919 eingesetzte 4. Mai-Bewegung war einerseits gegen die Fremdbestimmung Chinas durch ausländischen Mächten, gegen Gewalt und Ungleichheit in Beziehungen zwischen Nationen, und andererseits gegen die etablierten Normen und Institutionen der feudal-bürokratischen Gesellschaft. Dieser doppeldeutige historische Hintergrund hat alle damaligen Auseinandersetzungen Chinas mit der fremden Kultur charakterisiert. Das ist zweifellos auch eine Voraussetzung für die Aufnahme des Expressionismus. Das logische Resultat ist die allgemeine positive Bewertung des Expressionismus in jener Zeit, da die chinesischen Literaturkritiker die deutschen Expressionisten als Träger politischer Ansprüche angesehen haben. Ihre Einwände und zurückhaltende Stellungnahmen zum Expressionismus liegen vor allem in ethischen und ästhetischen Vorstellungen, die vom Kulturunterschied zwischen China und Deutschland geprägt sind.

---

[59] Li Shixun, Der Expressionismus, in: "Werke und Kritik" Nr.4 (1981).
[60] Es ging um den 1. Opiumkrieg (1840-1842), den 2. Opiumkrieg (1857-1860), den Chinesisch-Französischen Krieg (1884-1885) und den Chinesisch-Japanischen Krieg (1894-1895), die zur Folge hatten, daß China unter Zwang eine Reihe von ungleichen Verträgen unterzeichnete. Nach solchen Verträgen mußte China den westlichen Mächten und Japan eine ungeheure Geldsumme für die Kriegsentschädigung zahlen, einige Hafenstädte auf 99 Jahre verpachten und zusätzliche Freihäfen öffnen, in denen ausländischen Mächten die Errichtung eigener Industrien und Banken gestattet werden mußte.

Die Auseinandersetzung zwischen der westlichen und chinesischen Kultur führte für einige Zeit in der VR China zur radikalen Ablehnung der westlichen modernen Kunst und Literatur. Die dominierenden Einflüsse der UdSSR, und später die eigene ultralinke Kulturpolitik hatten zur Folge, daß fast alle westlichen modernen Kunstrichtungen in der VR China verdammt wurden. Die politische Veränderung nach der Kulturrevolution bewirkte eine Lockerung in der chinesischen Literaturwelt und einen Lichtblick für die Literaturkritik. Die neue Auseinandersetzung mit dem Expressionismus ist zwar von der einseitigen Meinung abgekommen, bleibt aber auch heute noch bei einer rein politischen Bewertung. Eine weitere Entwicklung auf philosophischer, ästhetischer und künstlerischer Ebene ist noch nicht abzusehen.

Die Generation der 4. Mai-Bewegung, wie die der expressionistischen Bewegung hat Jahrhundertfragen gestellt, Fragen nach der Rolle der Tradition und nach der Stellung des Individuums in der modernen Gesellschaft. Diese Fragen waren und sind für den Eintritt Chinas in die Moderne von grundsätzlicher Bedeutung. Mit solchen Fragen ist China seit diesem Jahrhundert auf der Suche nach einer neuen Identität. Eine weitere Frage ist, ob diese Suche China auch ins nächste Jahrtausend begleiten wird.

Literatur

(Die Quellen der betroffenen chinesischen Primär- und Sekundärliteratur sind in den einzelnen Anmerkungen bzw. in der Liste auf Seite 93-95 angegeben.)

Bahr, Hermann(1916): Expressionismus, München.

Bartke, Wolfgang(1985): Die großen Chinesen der Gegenwart, Frankfurt/M.

Benn, Gottfried(1955): Einleitung zu "Lyrik des Expressionistischen Jahrzehnts. Von den Wegbereitern bis zum Dada", Wiesbaden.

Edschmid, Kasimir(1921): Über den Expressionismus in der Literatur und die neue Dichtung, Berlin.

Gálik, Marián(1968): Über die kritische Auseinandersetzung Chinas mit dem deutschen Expressionismus, in: Nachrichten der Gesellschaft für Natur- und Völkerkunde Ostasiens, 103 (1968), S.39-59.

Gálik, Marián(1980): The Genesis of Modern Chinese Literary Criticism (1917-1930), London.

114

Kubin, Wolfgang(Hrsg.)(1985): Moderne chinesische LIteratur, Frankfurt/M.

Landsberger, Franz(1920): Impressionismus und Expressionismus, Leipzig.

Lukács, Georg(1971): `Größe und Verfall' des Expressionismus, in: G. Lukács
Werke Bd.4, Neuwied u. Berlin.

Mao, Tse-tung(1968): Ausgewählte Werke Bd.II/III, Peking.

Osbron, Max(1920): Geschichte der Kunst, Berlin.

Schyns, Joseph(1948): 1500 Modern Chinese Novels & Plays, Peking.

HUANG, Dong:
Germanistikstudium an der Fremdsprachenhochschule Xi'an. Seit 1988
Magisterstudium der Medienwissenschaft und Lehrtätigkeit im Fachbereich
Sinologie an der Philipps-Universität Marburg.

DING, Na (Universität München)

ZU DEN PROBLEMEN BEI DER VERMITTLUNG DEUTSCHSPRACHIGER LITERATUR IN DER VOLKSREPUBLIK CHINA

Zur Zeit beschäftige ich mich, unter der Betreuung von Prof. Dr. Dietrich Krusche, mit meiner Dissertationsarbeit "Deutschsprachige Literatur in der Volksrepublik China. Rezeptionsgeschichte 1949-1990". Obwohl ich in China einige Jahre in einem Verlag als Lektorin tätig war und daher auch eine eifrige Leserin literarischer Werke (besonders der deutschen) bin, ist mir erst jetzt einigermaßen klar, wie schwierig die Kommunikation zwischen deutschen Autoren und deren chinesischen Lesern sein kann.

"Aller Anfang ist schwer." Der Austausch zwischen der chinesischen und deutschen Literatur begann jeweils über Umwege. Auf der deutschen Seite prophezeite Goethe schon am 31.01.1827 im Gespräch mit Eckermann:"Nationalliteratur will jetzt nicht viel sagen, die Epoche der Weltliteratur ist an der Zeit, und jeder muß jetzt dazu wirken, diese Epoche zu beschleunigen." [1] Ausgerechnet die Lektüre eines chinesischen Romans, höchstwahrscheinlich in französischer Übersetzung, regte diesen Gedanken an. Auf chinesischer Seite übersetzte ein berühmter Dichter namens Xu Zhimo erst 86 Jahren danach (im Jahre 1913) das volkstümliche romantische Kunstmärchen >Undine< von Friedrich de La Motte Fouqué ins Chinesische. Die Vorlage war englisch, daher rührt das erste Problem: die Übersetzung aus zweiter Hand.

Im folgenden versuche ich, die Probleme zu resümieren, die man bei der Vermittlung der deutschsprachigen Literatur in der Volksrepublik China zu lösen hat.

---

[1] Merian-Genast(Hrsg.) 1945, Bd.I.S.214.

1. Übersetzung aus zweiter Hand

Wie das obige Beispiel schon zeigt, stammen viele chinesische Übersetzungen deutschsprachiger Literatur aus zweiter Hand. Um dieses Phänomen zu erklären, müssen wir kurz auf die chinesische Übersetzungstradition zurückblicken. Über die Gründung der ersten Fremdsprachenschule im 19. Jahrhundert berichtet Sun Fengcheng wie folgt:

"Nach dem Opiumkrieg gründete die Qing-Dynastie aus politischer Notwendigkeit im Jahre 1862 die ersten Schulen zur Ausbildung von Personen, die für die Kontakte mit dem Ausland eingesetzt werden sollten. Dazu gehörte die Fremdsprachenschule Tongwenguan, in der anfangs Russisch, Englisch, Französisch und **später** [Hervorhebung von mir] auch Deutsch und Japanisch unterrichtet wurde. Auch Schulen für Schrifttum, Astronomie und Mathematik wurden gegründet. Die Druckerei der Fremdsprachenschule war zuständig für die Publikation der Übersetzungen mathematischer, physikalischer, astronomischer, völkerrechtlicher, historischer und literarischer Werke aus dem Westen."[2]

Das Wort 'später' verdient eine Erklärung. Als man in Deutschland vor etwa 100 Jahren begann, an Kolonisation zu denken, war die Welt eigentlich schon aufgeteilt. Engländer, Spanier, Portugiesen und Franzosen hatten in Afrika, Asien, Australien und Amerika ihre Kolonialreiche erobert. Auch deutsche Missionare entdeckten China erst spät als Einsatzgebiet. Während viele Missionare und Kaufleute aus anderen europäischen Ländern schon im 7. und 8. Jahrhundert versuchten, Chinas Tür zu öffnen, kam der erste deutsche Jusuitenmissionar Johann Adam Schall von Bell erst im Jahr 1622 nach China. Ebenso wurden die deutschen Schulen und Hochschulen im Vergleich mit den anglo-amerikanischen relativ spät eingerichtet. Folgende zwei Tabellen[3] zeigen das ganz deutlich:

Tabelle 1: Zahlen der ausländischen Schulen in China (Stand 1906)

---

[2] Sun Fengcheng:"Zur Rezeption deutscher Literatur in China", S.469, in: Guo Heng-yü(Hrsg.) 1986, S.469-492.
[3] Zitiert nach Tan Jinfu"China als Impuls für die deutsche auswärtige Kulturpolitik vor dem Ersten Weltkrieg", S.107/108, in: Jinyang Zhu (Hrsg.): Neue Forschungen chinesischer Germanisten in Deutschland, 1991, S.97-112.

	niedere Schulen	höhere Schulen
Frankreich	4800	500
England	7220	730
Amerika	920	83
Deutschland	23	4

Tabelle 2: Zahlen der protestantischen Schulen in China (Stand 1912)

	Volksschulen		Mittel- u. Hochschulen	
	Schulen	Schüler	Schulen	Schüler
amerikanische	1992	44354	286	23040
englische	1445	30303	241	7552
deutsche	164	4682	15	523

So geschah es, daß mit der Zeit mehr Chinesen ihr Auslandsstudium in England, Frankreich und in den USA machten als in Deutschland. Von den Zurückgekehrten sind später viele als berühmte Übersetzer aus der englischen und französischen Sprache hervorgetreten - ein Trend, der sich bis heute fortsetzt. Das "Lexikon der chinesischen Übersetzer"[4] von 1988 z.b. führt insgesamt 780 Übersetzer auf; eine von mir erstellte Statistik ergibt folgende Rangfolge:

Übersetzer aus der russischen Sprache: 32,82%
Übersetzer aus der englischen Sprache: 32,05%
Übersetzer aus der französischen Sprache: 11,92%
Übersetzer aus der japanischen Sprache: 7,94%
Übersetzer aus der deutschen Sprache: 7,44%
Übersetzer aus allen anderen Sprachen: 7,82%

Die dominierende Zahl der Übersetzer aus der russischen Sprache ist auf den starken Einfluß der ehemaligen UdSSR auf China zurückzuführen, einschließlich der enormen Ausbildungschancen für Chinesen dort in den 50er Jahren. Viele der heutigen Übersetzer haben keine systematische Ausbildung bekommen. Anders ausgedrückt, sie haben höchstens ein bis zwei grammatikalische Bücher über die jeweilige Fremdsprache gelesen und sind dann mit Wörterbüchern ans Werk gegangen. Von

---

[4] Autorenkollektiv:"Lexikon der chinesischen Übersetzer", 1988.

den Germanisten sind die meisten im Inland an den chinesischen Hochschulen und Universitäten ausgebildet worden, ihre Zahl ist auch ziemlich bescheiden. Daher ist es kein Wunder, wenn die deutsche Literatur in China zum Teil aus Übersetzungen aus zweiter Hand besteht. Die 'Mittelsmänner' sind meistens Engländer, Amerikaner, Franzosen, Russen und Japaner.

Vergleicht man ein deutsches Original mit seiner chinesischen Übersetzung, die nach einer Vorlage in einer anderen Sprache angefertigt wurde, so stößt man auf nicht unerhebliche Abweichungen. Die magische Kraft eines literarischen Werkes scheint bei jeder Übersetzung weiter verlorenzugehen. Daher sollten die chinesischen Germanisten meiner Meinung nach bei der Übersetzung deutschsprachiger Literatur immer vom deutschen Original ausgehen. Nur so ist eine annähernd sinn- und wortgetreue Wiedergabe der Texte zu gewährleisten.

2. Mehrmalige Übersetzung

Oftmals wird ein Werk nicht nur aus zweiter Hand, sondern auch mehrmals übersetzt. Es ist ein offenes Geheimnis, daß China sich bis heute nicht der UCC angeschlossen hat und sich daher mit gutem Gewissen 'Raubdrucke' ausländischer Bücher erlaubt.[5] Obwohl in China die Planwirtschaft dominiert, verheimlicht ein Verlag oft den anderen seinen Publikationsplan. Zum Beispiel wurde die chinesische Übersetzung des Romans >Die Blendung< im Jahr 1985/86 fast gleichzeitig von drei Verlagen auf den Markt gebracht, nachdem Elias Canetti 1981 den Nobelpreis für Literataur erhalten hatte. Das ist kein Einzelfall: Wir haben für >Immensee< (Theodor Storm) 12 Ausgaben; für >Faust< (J. W. v. Goethe) 11 Ausgaben; für >Emil und die Detektive< (Erich Kästner) 9 Ausgaben. Dieses Phänomen zeigt einerseits die Beliebtheit der erwähnten Autoren in China, andererseits bedeutet das auch, daß einer vom anderen abschreibt, oder sich zumindest an den anderen anlehnt. Natürlich ist eine nochmalige Übersetzung dann berechtigt, wenn die chinesische Sprache mit der Zeit große Veränderung erlebt hat. Ich bin nicht gegen gerechte Konkurrenz, aber es ist mir lieber, wenn die Übersetzer ihre Zeit und Arbeitskraft dafür

---

[5] Laut eines Berichtes in der "Volkstageszeitung für Überseechinesen" am 25.01.1992 versucht die chiesische Regierung zur Zeit, sich in der UCC zu verpflichten, höchstwahrscheinlich noch in diesem Jahr.

einsetzen könnten, den chinesischen Lesern weiter unübersetzte Werke der jeweiligen Autoren zu vermitteln. Denn es gibt bei uns, im Vergleich mit den chinesischen Übersetzungen englischer und französischer Literatur, insgesamt zu wenig chinesische Übertragungen deutschsprachiger Literatur.

3. Die Qualität der Übersetzung

Der berühmte chinesische Übersetzer Yan Fu hat bei der Übersetzung des Werkes >Entwicklung und Ethik< von Thomas Henry Huxley drei Kriterien für die Übersetzung entwickelt, die bei den meisten chinesischen Übersetzern Zustimmung finden, nämlich **werkgetreu, verständlich, schön** (xin, da, ya). Aber das ist leicht gesagt und schwer verwirklicht.

Michael S. Batts hat in seinem Artikel "Die Einstellung französischer, englischer und amerikanischer Literaturhistoriker zur deutschen Literatur" darauf hingewiesen:

"Die deutschen Literaturhistoriker hatten schließlich ihre Schlüsse gezogen und waren zu der Ansicht gekommen, daß die deutsche Sprache eine im Vergleich zu anderen europäischen Sprachen unverfälschte Ursprache eines ungemischten Stammes sei, die die Vorteile aller anderen Sprachen aufgenommen habe und noch aufnehmen könne. Deshalb seien deutsche Übersetzungen die bestmöglichen, während deutsche Werke in keine andere Sprache zu übersetzen seien."[6]

Wenn die anderen europäischen Sprachen schon ungeeignet hinsichtlich der Übersetzung deutscher Literatur sind, worin besteht dann noch die Chance für die chinesische Sprache? Deutsch und Chinesisch gehören nicht einmal zu derselben Sprachfamilie: während jene eine flektierende Sprache ist, ist diese eine isolierende. Chinesisch kennt vor allem keine Zeitform, keinen Kasus, keine Deklination und auch keine Konjugation.

---

[6] A.a.O., S.294, in: Alois Wierlacher(Hrsg.) 1987, S.289-301.

Am folgenden Beispiel, das Gao Niansheng in seinem Aufsatz "Kritik an der chinesischen Übersetzung von *Die verlorene Ehre der Katharina Blum*" angeführt hat, kann man deutlich sehen, welche Schwierigkeiten es selbst chinesischen Übersetzern bereitet, die verschiedenen Zeiten im Deutschen richtig zu verstehen:

"In Heinrich Bölls bekannter Erzählung 'Die verlorene Ehre der Katharina Blum'sagt die Heldin: Mein Vater war der Bergarbeiter Peter Blum. Er starb, als ich sechs Jahre alt war, im Alter von siebenunddreißig Jahren an einer Lungenverletzung, die er im Krieg erlitten hatte. Mein Vater hatte nach dem Krieg wieder in einem Schieferbergwerk gearbeitet und war auch staublungenverdächtig.

Da die Übersetzer die verschiedenen Zeitformen nicht verstanden haben, entsteht daraus reiner Unsinn: Mein Vater war der Bergarbeiter Peter Blum. Er starb, als ich sechs Jahre alt war, ein [sic!] einer Lungenverletzung während des Krieges im Alter von siebenunddreißig Jahren. Nach dem Krieg arbeitete er in einem Schieferbergwerk und bekam wahrscheinlich dort die Lungenentzündung.

Der chinesischer Leser fragt sich, wieso ihr Vater, der schon während des Krieges gestorben war, nach dem Krieg wieder aufleben konnte."[7]

Neben den grammatikalischen Problemen stehen die kulturellen Unterschiede der idealen Vermittlung im Wege. Wang Mingtao hat in seiner Dissertationsarbeit >Der sprachliche Aufbau des Milieus in deutschen und chinesischen Romanen: eine sprachvergleichende Studie zum Problem des Übersetzens und Kulturtransfers< ein Beispiel[8] genannt. Über die Wohnverhältnisse von Dietrich Heßling berichtet Heinrich Mann am Anfang des Romans >Der Untertan< wie folgt:"Ungern verließ er im Winter die warme Stube, im Sommer den engen Garten, der nach den Lumpen der Papierfabrik roch und über dessen Goldregen- und Fliederbäumen das hölzerne

---

[7] Gao Niansheng:"Hauptschwierigkeiten für Chinesen beim Erlernen der deutschen Sprache", in: Informationen Deutsch als Fremdsprache 3 (1983), S.45.
[8] Wang Mingtao 1990, S.58.

Fachwerk der alten Häuser stand."[9]Das Wort 'Fachwerk'wird ins Chinesische mit 'gujia' übersetzt, was aber lediglich bedeutet: Skelett, Knochenbau, Grippe, Gestell, Gerüst. Über diese ungenügende Übersetzung kommentiert Wang Mingtao:

"Es liegt auf der Hand, daß mit 'gujia' im Chinesischen statt eine bestimmte Bauart eine Sache bezeichnet wird, die mit der Bauart wenig zu tun hat. So geht die Bedeutung, die im Original durch 'das Fachwerk'zum Ausdruck gebracht wird, völlig verloren. Es gibt in der chinesischen Sprache aber kein entsprechendes Wort für das deutsche 'Fachwerk'. Und dies ist auf die unterschiedliche Baukultur der beiden Länder zurückzuführen. Wenn man als Übersetzer bei der Übersetzung eines Romans die fremde Kultur mittransferieren will, dann muß man versuchen, die mit der Kultur eines fremden Landes verbundene spezielle Bedeutung auf irgendeine Weise wiederzugeben. In diesem Falle könnte man das Wort nach Silben in chinesische Zeichen übertragen und die Bedeutung in einer Fußnote erklären."[10]

Ich glaube aber, daß eine Fußnote allein auch nicht viel helfen kann. Sinnvoll wäre ein Foto von einem Fachwerk. Die Italiener haben recht, wenn sie sagen, daß eine Übersetzung oft einer Frau ähnlich ist: Wenn sie schön ist, ist sie meistens nicht treu; wenn sie treu ist, ist sie meistens nicht schön. Ich bin der Meinung, daß die Übersetzer zum Ziel haben sollten: möglichst schön und möglichst treu.

4. Auswahlentscheidungen

Über die Lektüreangebote und -empfehlungen äußert sich Link:

"Wenn sich heutzutage ein Leser entscheidet, ein bestimmtes Buch zu kaufen, das er lesen möchte, so muß dieser Entscheidung, soll sie erfolgreich ausgeführt werden, eine andere Entscheidung vorausgegangen sein: die seines Verlegers, das betreffende Buch zu drucken. Bei den

---

[9] Zitiert nach Wang Mingtao, a.a.O., S.37.
[10] A.a.O., S.58.

heutigen Marktbedingungen geschieht das meist unter scharfer Kalkulation von Preis und Auflagenhöhe im Hinblick auf ein bestimmtes Zielpublikum. [...] Der Entscheidungsspielraum des Lesers ist also vorbestimmt durch das Angebot an kaufbaren Büchern, das seinerseits weitgehend an der Nachfrage auch anderer Leser orientiert ist."[11]

Ich versuche, nun die Schwierigkeiten der Vermittlung deutschsprachiger Literatur von der Seite der Publikation zu schildern. In China sind die Verlage entweder staatlich oder städtisch, manche stehen direkt unter der Führung der Provinzregierung. Jeder Verlag hat sein Spezialgebiet, z.B. sollte der Musikverlag nur Bücher, die direkt oder indirekt mit Musik zu tun haben, herausgeben. Für die ausländischen literarischen Bücher sind vor allem zwei Verlage zuständig: der Übersetzungsverlag in Shanghai und der Volksliteraturverlag in Beijing; aus dem letzteren ging vor ein paar Jahren ein Tochterverlag mit dem Namen "Ausländischer Literaturverlag" hervor. Die Adressaten der deutschsprachigen Literatur lassen sich in zwei Gruppen einteilen: die Germanisten (Literaturwissenschaftler, Hochschullehrer, Germanistikstudenten) und die Nichtgermanisten (normale Leser). Die Zahl der ersten Gruppe ist ganz bescheiden und die der zweiten Gruppe schwer zu schätzen. Daher beträgt die durchschnittliche Auflagenhöhe deutschsprachiger Literatur 3 000 Bände. Wenn die Redaktionen der beiden oben genannten Verlage ihren chinesischen Übersetzern Aufträge für Übersetzungen geben, ist der in den deutschsprachigen Ländern Berühmtheits- und Anerkanntheitsgrad des jeweiligen Schriftstellers ausschlaggebend. Grobe Richtlinie für die beiden Verlage ist das Bestreben, Vertreter sowohl aus Gegenwartsliteratur als auch aus Klassik zu übersetzen, wobei erstere bisher relativ schwach repräsentiert sind.

Falls die Übersetzungsvorschläge von der Seite der Übersetzer kommen, spielt der Zufall bei der Auswahl eine große Rolle. Professionelle Übersetzer sind in China bis heute noch eine Seltenheit, die meisten Übersetzer sind chinesische Deutschlehrer, die das nur nebenberuflich machen können. Manche stießen bei ihren Forschungsarbeiten zufällig auf Schriftsteller, die sie als übersetzungswürdig erachteten. Manchmal kann ein deutscher Lektor seinen chinesischen Kollegen ein Werk empfehlen oder ein deutscher Tourist einem Chinesen ein Taschenbuch

---

[11] Link [2]1980, S.93.

123

schenken. Daher schwankt der literarische Wert des zu übersetzenden Buches zwischen hoher Literatur, gehobener Unterhaltungsliteratur und Trivialliteratur.[12]

Während im Westen die Politiker die Wirkung der Literatur meist unterschätzen, herrscht in China eine Überschätzung der Literatur, die leicht zur Gefährdung derselben führt.[13] Manche Auswahlentscheidungen wurden aus politischen Erwägungen getroffen. Da die DDR und die VR China in den 50er Jahren zu den sozialistischen Ländern gehörten, wurden den chinesischen Lesern vor allem sozialistische realistische Schriftsteller aus der DDR vorgestellt. Darüber hinaus hatten chinesische Leser auch die Chance, die Werke von "kritischen realistischen" Autoren[14] wie Theodor Fontane und Gottfried Keller kennenzulernen. Dagegen fand man eine lange Zeit kaum Übersetzungen der romantischen Schriftsteller. Im Jahr 1986 tauchten in dem Buch >Über die Kombination des Charakters< von Liu Zaifu, dem Institutsleiter für chinesische Literatur der Chinesischen Akademie für Geisteswissenschaften, noch Bezeichnungen wie 'der Gründer der deutschen Dekadenzliteratur Hoffmann' und 'der reaktionär-romantische Dichter und Dramatiker Kleist' auf.[15] Heinrich Böll und Günter Grass, beide in der BRD Schriftsteller ersten Ranges, sind in China bis heute ganz verschieden rezipiert worden. Während alle wichtigen Werke von Böll schon ins Chinesische übersetzt wurden, bekommen chinesische Leser von Grass nur >Katz und Maus< zu lesen, und das auch nur in einer Zeitschrift.[16] Bölls Beliebtheit gerade in den sozialistischen Ländern beruht nicht zuletzt darauf, daß seine Auseinandersetzung mit der kapitalistischen Gesellschaft kritisch und satirisch ist. Dagegen scheint die Behandlung des Themas Sexualität bei Grass für die Chinesen zu gewagt zu sein.

Fast ein Viertel der ins Chinesische übersetzten deutschsprachigen literarischen Werke gehört der Kategorie der Jugend- und Kinderliteratur an. Viele Übersetzer bevorzugen solche Werke, weil sie mit ihrer Übersetzung kein politisches Risiko

[12] Vgl. Lutz Bieg:"Klassiker bahnten den Weg. Die Rezeption deutscher Literatur seit 1915", in: Das neue China 2 (1985), S.36-37. Julia Lore Mollée u. Ina Simson:"Goethe auf Chinesisch -- Warum? Ein Gespräch mit Herrn Zhang Yushu", in: Das neue China 2 (1981), S.24.
[13] Vgl. Günter Grass:"Ein >Revisionist< in Beijing", in: Das neue China 1 (1980), S.22-25.
[14] Der Begriff "Poetischer Realismus" war den Chinesen lange nicht bekannt. Sie haben solche Schriftsteller unter dem Namen "Kritische realistische Schriftsteller" kennengelernt.
[15] Liu Zaifu 1986, S.128.
[16] Seit Jahren lag die Übersetzung der >Blechtrommel< bei uns vor, wurde aber nicht veröffentlicht. Der Grund ist wahrscheinlich die Behandlung des Themas Sexualität. Ich hörte allerdings, daß das Buch neulich doch endlich erschienen sei.

eingehen. Ein berühmter chinesischer Germanist beschäftigte sich nach der Kulturrevolution nur noch mit der Linguistik. Als ich ihn fragte, warum er nicht mehr weiter übersetze, antwortete er, daß ihm diese Tätigkeit zu gefährlich sei. Er wurde während der Kulturrevolution scharf kritisiert, weil die Figuren in den Werken, die er ins Chinesische übersetzt hatte, nicht alle politisch und moralisch einwandfrei waren. Man beschuldigte ihn der Sympathie gegenüber 'negativen Rollen' und argumentierte, andernfalls hätte er diese Werke wohl nicht übersetzt.

Ein anderes auffälliges Phänomen ist das Fehlen von Übersetzungen deutschsprachiger Frauenliteratur. Das liegt natürlich zum einen daran, daß die Inhalte der Frauenliteratur in den deutschsprachigen Ländern auf das Leben der chinesischen Frauen nur bedingt übertragbar sind. Aber es ist auch nicht zu übersehen, daß die männlichen Übersetzer aufgrund ihres Geschlechts wenig daran interessiert sind. In der Zeitschrift > Forschung der ausländischen Literatur < sind im Jahr 1988/89 zwei Aufsätze über die deutschsprachige Frauenliteratur erschienen:"Die Entwicklung der deutschsprachigen Frauenliteratur im 20. Jahrhundert" von Wu Linshou und "Frauenliteratur in der DDR als neu aufgetretene Kraft" von Zhang Youzhong.[17] Meiner Meinung nach sollte man den chinesischen Lesern, besonders Leserinnen, diese Gattung vorstellen. Außerdem weise ich darauf hin, daß die Schriftstellerinnen im Vergleich zu ihren männlichen Kollegen zu kurz gekommen sind. Unter den ca. 150 übersetzten Autoren befinden sich nur 9 weibliche Namen, darunter Johanna Spyri, Hermynia zur Mühlen, Anna Seghers und Christa Wolf.

5. Identifikationsschwierigkeiten

Was die Verwaltung der übersetzten Bücher betrifft, läßt auch einiges zu wünschen übrig. Manche Verlage geben z.B. bei den Übersetzungen keine Quellen an. Wenn die Autoren dann nicht bekannt genug sind und deren Namen statt in Originalform nur auf chinesisch vorkommen, ist es sehr schwer, ein übersetztes Werk mit dem Verfasser eindeutig zu identifizieren. In dem von Professor Wolfgang Bauer

---

[17] Wu Linshou: a.a.O., Nr.3 (1988), S.30-33; Zhang Youzhong: a.a.O., Nr.2 (1989), S.24.

herausgegebenen Buch >Deutschlands Einfluß auf die moderne chinesische Geistesgeschichte< sind auf Seite 170 zwei solche Fälle aufgeführt:

---(Po-lo-te-erh), (Woman Pearl-divers), Nanking,1957
---(Pu-lo-pu-ssu), (The Dwarf from the Well Travels the World), S.; 1957

Im ersten Fall handelt es sich um Günter Prodöhls Erzählung >Perlen, Haie, Kraken<, im zweiten um das Kinderbuch >Schnurz. Die Geschichte eines Brunnenmännleins< von Anneliese Probst und Edith Müller-Beek.

Manchmal kommt es auch vor, daß der Name eines Autors falsch Übersetzt wurde. Im oben genannten Buch findet man auf Seite 133 folgendes:

Elgers, P. S., Eldorado, Nanking, JM.; 1957.

Statt Paul-Schmidt Elgers heißt der Autor eigentlich Paul Schmidt-Elgers.

Um den Abstand zwischen dem Originalwerk und den chinesischen Lesern zu verkleinern, neigten und neigen viele Übersetzer dazu, den Titel eines Buches zu verändern. Das Buch >Wir Kinder vom Bahnhof Zoo< von Christiane F. heißt auf chinesisch >Ich, dreizehn Jahre alt, Prostituierte, Drogensüchtige...<. In einem solchen Fall sollte der Übersetzer unbedingt den Originaltitel angeben.

Selbst wenn die Bücher schon in den Bibliotheken eingetroffen sind, stehen sie den Lesern nicht immer zur Verfügung. Oft wurden Autoren nichtdeutschsprachiger Länder in den Katalog der deutschen Literatur aufgenommen. Umgekehrt vermute ich, daß die Karteikarten der deutschsprachigen Bücher möglicherweise auch anderswo eingeordnet werden könnten. In unserer Nationalbibliothek in Beijing stand die Karteikarte von >Eine reine Frau - Tess von D'Urbervilles< von Thomas Hardy im Karteikasten der deutschen Literatur. Als ich das einem Bibliothekar zeigte, erklärte er mir, daß dieser Fehler wohl von einem Auszubildenen begangen wurde, weil D'Urbervilles auf der chinesischen Übersetzung an erster Stelle steht, und das chinesische Zeichen 'de' für D dasselbe Zeichen wie für Deutsch ist.

5. Zusammenfassung

Wenn man glaubt, daß Literatur ein besonderer Fall von Kommunikation ist,[18] muß man gestehen, daß dieser Fall *besonders* schwierig wird, wenn die Kommunikation über großen kulturellen Raum hinweg geschieht.

Die Erfolge der chinesischen Germanisten bei der Vermittlung deutschsprachiger Literatur in China sind bemerkenswert, obwohl vieles noch zu wünschen übrig läßt. Der neuesten Statistik nach[19] wurden schon ca. 600 Werke vom mehr als 150 Autoren der deutschsprachigen Länder ins Chinesische übersetzt. Ich bin mir dessen sicher, daß diese Zahl in Zukunft ständig weiter steigen wird.

Literatur

Autorenkollektiv(1988): Lexikon der chinesischen Übersetzer. Beijing.

Batts, Michael S.(1987): "Die Einstellung französischer, englischer und amerikanischer Literaturhistoriker zur deutschen Literatur". In: Alois Wierlacher(Hrsg.): Perspektiven und Verfahren interkultureller Germanistik. München, S.289-301.

Bauer, Wolfgang(1982): Deutschlands Einfluß auf die moderne chiesische Geistesgeschichte. Wiesbaden.

Bieg, Lutz(1985): "Klassiker bahnten den Weg. Die Rezeption deutscher Literatur seit 1915". In: Das neue China 2, S.36-37.

Gao Niansheng(1983): "Hauptschwierigkeiten für Chinesen beim Erlernen der deutschen Sprache". In: Informationen Deutsch als Fremdsprache 3, S.41-48.

Grass, Günter(1980): "Ein >Revisionist< in Beijing". In: Das neue China 1, S.22-25.

Link, Hannelore(1980): Rezeptionsforschung. Eine Einführung in Methoden und Probleme. Stuttgart/Berlin/Köln/Mainz.

Liu, Zaifu(1986): Über die Kombination des Charakters. Shanghai[chinesisch]

Merian-Genast, Ernst[Hrsg.] (1945): Eckermanns Gespräch mit Goethe. Basel.

Mollée, Julia Lore / Simson, Ina(1981): "Goethe auf Chinesisch -- Warum? Ein Gespräch mit Herrn Zhang Yushu". In: Das neue China 2, S.24.

---

[18] Vgl. Link [2]1980, S.15.
[19] Vgl. Guo Mingqin: in diesem Band S.38.

127

Sun, Fengcheng(1986):"Zur Rezeption deutscher Literatur in China". In: Guo Heng-
yü(Hrsg.): Von der Kolonialpolitik zur Kooperation. Studien zur Geschichte der
deutsch-chinesischen Beziehungen. Münche, S.469-492.

Tan, Jinfu(1991):"China als Impuls für die deutsche auswärtige Kulturpolitik vor dem
Ersten Weltkrieg". In: Jinyang Zhu (Hrsg.): Neue Forschungen chinesischer
Germanisten in Deutschland. Frankfurt am Main/Bern/New York/Paris, S.97-
112.

Wang, Mingtao(1990): Der sprachliche Aufbau des Milieus in deutschen und
chinesischen Romanen: eine sprachvergleichende Studie zum Problem des
Übersetzens und Kulturtransfers. Frankfurt a.m./Bern/New York/Paris.

Wu, Linshou(1988):"Die Entwicklung der deutschsprachigen Frauenliteratur im 20.
Jahrhundert". In: Forschung der ausländischen Literatur 3, S.30-33.
[chinesisch]

Zhang, Youzhong(1989): "Frauenliteratur in der DDR als neu aufgetretene Kraft". In:
Forschung der ausländischen Literatur 2, S.24.[chinesisch]

DING, Na:

geb. 1955 in Beijing. Studium an den Universitäten Beijing und München. Zur Zeit
Promotionsstudium an der LMU München.